O triunfo do artista

Título original:
Le Triomphe de L' Artiste

Tradução: Pedro Elói Duarte
Revisão: Diogo Telleche

Capa de FBA

Depósito Legal n.º 432748/17

Biblioteca Nacional de Portugal – Catalogação na Publicação

TODOROV, Tzvetan, 1939-2017

O triunfo do artista. - (Obras Escolhidas de Todorov; 1)
ISBN 978-972-44-2016-5

CDU 323

Paginação:
João Jegundo

Impressão e acabamento:
Papelmunde
para
EDIÇÕES 70
Outubro de 2017

EDIÇÕES 70, uma chancela de Edições Almedina, S.A.
Avenida Engenheiro Arantes e Oliveira, 11 – 3º C - 1900-221 Lisboa / Portugal
e-mail: geral@edicoes70.pt

www.edicoes70.pt

Tzvetan Todorov

O triunfo do artista

A Revolução e os Artistas.
Rússia: 1917-1941

70

Para Boris, Léa e Sacha

A grandeza das pessoas de espírito é invisível
aos reis, aos ricos, aos capitães...

Pascal, *Pensamentos*

INTRODUÇÃO

Os artistas criadores face à revolução

A revolução russa de Outubro de 1917 foi um dos acontecimentos mais influentes da história moderna mundial e, em particular, do século XX. Na sequência deste choque, a doutrina comunista, à semelhança das grandes religiões antigas, alastrou a todos os continentes e orientou o desenrolar da vida política em numerosos países, quer por ter sido reivindicada pelos detentores do poder, quer por ter sido designada como o principal inimigo a combater em não menos numerosos países. O desmoronamento dos regimes comunistas na Europa e na Rússia, em 1989-1991, conduziu ao enfraquecimento e até ao desaparecimento desta ideologia no mundo, mas não devemos virar esta página da história recente sem a termos lido com atenção. Tendo provocado inúmeras vítimas, a doutrina e os regimes inspirados nesta ideologia foram acusados de criminosos e marcados pelo opróbrio. Ora, ainda que seja incontornável, esta perspetiva criminológica, que, durante toda a história do comunismo, se concentra nas vítimas e no seu sofrimento, não é de modo algum suficiente para descrever todas as dimensões da convulsão provocada por esta revolução.

O sentido de um acontecimento de tal amplitude não se pode reduzir a uma simples condenação moral, política ou jurídica; os seus diferentes aspetos merecem uma análise mais pormenorizada, tanto para o compreender melhor como para dele retirar lições que nos sirvam hoje, mais de um século após o acontecimento inaugural.

Ainda que não possamos dar uma definição estrita ao termo revolução, verificamos que o seu uso em contextos semelhantes ao nosso indica a presença de pelo menos duas características: a revolução tem como objetivo a transformação súbita, rápida e profunda da ordem política e social; e recorre à violência para alcançar esse objetivo. A primeira característica permite distinguir a revolução do golpe de Estado: deve ser mais do que a mera substituição de uma equipa dirigente por outra; para além deste limiar, a natureza das mudanças impostas pode variar bastante. Quanto à segunda característica, está sempre presente, ainda que o desencadeamento da violência não seja imediato. O recurso à revolução impõe-se quando os meios legais para obter as mudanças não são suficientes. Deste ponto de vista, a revolução assemelha-se à guerra, situação que exige a suspensão ou até a inversão das normas que regem a vida social: matar deixa de ser um crime e torna-se até um ato meritório, desde que se trate de um combate contra o inimigo. Neste sentido, pode dizer-se que o termo «revolução» é apenas um eufemismo para «guerra civil».

A revolução de Outubro preenche estas duas condições e leva-as até ao extremo. É verdadeira que começa por uma simples tomada do poder político (um golpe de Estado), mas, no ano seguinte, transforma-se numa verdadeira revolução, atingindo as próprias bases da vida em sociedade: a propriedade privada, o direito, a natureza do Estado; prepara assim o advento de um regime totalitário. Quanto ao uso da violência, é logo admitido e até proclamado. «Esconder das massas a necessidade de uma guerra exterminadora, sangrenta, desesperada como objetivo imediato da ação futura, é enganarmo-nos a nós próprios e enganar o povo», escreve Lenine no momento da tomada do poder, e continua: «Na época da revolução, a luta de classes adquiriu necessariamente, sempre e em todos os países, a forma de uma *guerra civil*.» ([1])

A revolução é, pois, um meio (violento) de tomar o poder. Seja qual for o modo como tenha sido conquistado, este pode tornar-se legítimo, na condição de que seja exercido com a autoimposição de limites. No entanto, como, neste caso, o poder foi tomado pela força, os seus detentores revolucionários, temendo perdê-lo para uma força maior, tornam-se intolerantes em relação aos que a ele não se submetem de forma integral.

Este livro pretende esclarecer um dos aspetos do regime saído da revolução: as relações ideológicas que se estabelecem entre os criadores nos diferentes domínios artísticos (literatura, pintura, música, teatro, cinema) e os dirigentes políticos do país. Restringir-me-ei ao exemplo singular da Rússia, limitando-me ao período inicial, entre 1917 e 1941 (até à entrada da URSS na Segunda Guerra Mundial), fazendo apenas algumas raras incursões nos anos anteriores e posteriores a este período. O campo assim circunscrito continua a ser extremamente fértil e pretende-se conhecer aqui apenas uma amostra restrita de factos, escolhidos em função de um critério necessariamente subjetivo, que é a minha admiração pelas obras produzidas por esses artistas. Em função desta seleção, não faço qualquer referência aos criadores que se limitam a executar docilmente as instruções do partido, ainda que tenham sido sempre maioritários.

A relação dos criadores com a revolução estabelece-se em duas fases. A primeira é anterior a Outubro de 1917: trata-se da atitude que adotam relativamente à *ideia* de revolução antes de esta ter eclodido. Os criadores têm aqui um papel ativo, construindo uma imagem que, por sua vez, influenciará a revolução nascente. A segunda fase é a da relação que se instala entre os artistas e os representantes do poder; após a eclosão da revolução, esta relação constitui o principal objeto do livro. Os artistas são então levados a reagir a realidades que existem independentemente deles.

Todas as artes, em particular a literatura, fornecem indícios anunciadores da revolução vindoura. Diz-se que os escritores estão dotados de órgãos de perceção mais sensíveis que os do resto da população; observando e descrevendo esses indícios, contribuem para o seu reforço. Dois temas são muitas vezes evocados: o mundo antigo é descrito como tendo entrado numa fase de decadência, de decomposição; daqui decorre uma forma de niilismo universal, que afirma o desaparecimento de todos os valores e a chegada de uma catástrofe iminente, formando-se assim uma visão apocalíptica do mundo. Face a tal marasmo, estes autores estão dispostos a ouvir uma promessa de vida nova, a procurar sangue mais vivo, a recorrer a forças jovens, ainda que bárbaras e violentas, que ajudariam a destruir tudo, a varrer o mundo antigo, condição necessária para o advento de um mundo novo do qual se notam os primeiros sinais (esta configuração reaparecerá vinte anos depois na Europa Ocidental, preparando a aceitação do fascismo). Aparecem nas mais variadas obras. Vejamos alguns exemplos.

Logo no início do século XX, antes da revolução de 1905, Máximo Gorki, escritor já muito popular, publica um poema em prosa que se torna imediatamente célebre. Intitula-se *O Anunciador* (ou o mensageiro) *de Tempestades*: é o nome russo de um pássaro, o petrel, e Gorki joga com as associações deste nome. É uma elegia: quando o mau tempo se anuncia e, com medo, as outras aves procuram refúgio, o seu grito revela a sede de tempestades, escuta-se nele a força da raiva, o fogo da paixão, a certeza da vitória. «Que mais forte troveje a tempestade!» Em 1907, o romance *A Mãe*, de Gorki, trata diretamente da ascensão da ação revolucionária.

Em 1909, é publicado o romance *A Pomba de Prata*, do poeta simbolista Andrei Bieli, cujo tema parece à primeira vista muito afastado da ideia de revolução: numa província remota da Rússia, desenrola-se a atividade da seita mística (imaginária) dos pombos, em parte tradicionalista cristã, em parte pagã, que vira do avesso o destino de várias personagens. No entanto, este mundo mergulhado na tradição e na superstição é assombrado pelo pressentimento de uma tempestade revolucionária. Nesta região perdida, ouve-se agora falar de direitos do povo, da terra que será distribuída aos camponeses, de uma revolta contra os popes, os proprietários de terras e as autoridades. Circulam proclamações e boatos ventilados por personagens coloridas, um livre-pensador filho de boticário, um operário grevista vindo da cidade e até um estranho general que prega o terror vermelho. Face a estes, ergue-se um destacamento militar, encarregado de reprimir as agitações e de restaurar a ordem. A seita dos pombos poderia travar esta onda de revolta, mas é também contaminada pelo espírito de violência revolucionária. Ninguém pode prever como terminará esta luta fratricida, se a velha Rússia se manterá de pé ou se cairá no abismo.

O Ruído do Tempo é um conto publicado pelo poeta Osip Mandelstam em 1925, após a revolução, portanto, mas no qual o autor evoca as suas memórias de infância e de adolescência. Mandelstam vem de uma família judia que nada tem de revolucionária e ele próprio vive numa Rússia que se está a tornar soviética sem participar ativamente nesta transformação. Contudo, ao descrever os primeiros anos do século, também escuta o bramido anunciador da revolução: por um lado, descreve o provincianismo obsoleto, condenado, a vida agonizante de um mundo prestes a morrer, uma expectativa de fim universal; por outro, antevê «a espuma revolucionária» trazida pelos jovens: «Os rapazes de 1905 iam para a revolução com o sentimento de que era uma questão de amor e honra.» ([2]) Duas ou três décadas depois, este fascínio pela ideia de revolução desempenhará um papel importante no comportamento dos artistas russos em relação ao regime soviético.

Os próprios revolucionários nem sempre reconhecem a ação que a literatura e as outras artes exercem sobre eles, embora Lenine admita a grande influência exercida sobre o seu pensamento por um romance, *Que Fazer?*, de Tchernichevski, ainda que seja um romance de tese. Mas esta relação direta entre as obras e as ações não é indispensável para se verificar um certo laço causal. As obras dos artistas criadores agem em comum sobre aquilo a que por vezes se chama o espírito do tempo, da época, o *Zeitgeist*, resultante de múltiplos contributos. É um espírito do tempo difícil de atestar com rigor, mas incontestavelmente presente e ativo, parente afastado do espírito das nações caro a Montesquieu. Os romancistas, os poetas e os outros artistas têm a sua quota de responsabilidade neste espírito do tempo, pois motivará por sua vez o comportamento dos homens de ação (que, um dia, farão a revolução).

Uma forma de criação artística, surgida em inícios do século XX, desempenha aqui um papel particularmente ativo, forma à qual associamos a denominação de vanguarda. Trata-se da prática dos artistas que rejeitam todas as tradições anteriores relativas à sua arte, que fazem tábua rasa do passado e constroem as suas obras a partir de novos princípios. Na Rússia, nos anos anteriores à Primeira Guerra Mundial, vemos esta atitude vanguardista em pintores como Kandinsky, Larionov, Gontcharova, Malevich e muitos outros, e em poetas como Khlebnikov, Maiakovski e outros futuristas, e em homens do teatro como Meyerhold. De uma forma geral, estes vanguardistas veem-se como revolucionários, cada um no seu domínio, e muitos nutrem forte simpatia pela revolução social e política, ainda que nela não participem. Por outras palavras, veem um parentesco entre revolução artística e revolução política.

Como escreve, por exemplo, Bieli em 1917: «O revolucionário e o artista estão unidos pela chama do seu entusiasmo.» ([3])

Quanto aos revolucionários, raramente manifestam um gosto simétrico pelas obras dos artistas de vanguarda. Isto é compreensível. A luta revolucionária absorve todas as suas forças, não têm tempo para cultivar um gosto artístico particular e, quando se interessam pela arte, é de maneira puramente utilitária: a arte deve estar ao serviço da ação revolucionária. Ora, as obras de estilo «clássico» são mais fáceis de compreender, chegam a maior número de leitores ou espectadores, em suma, são mais úteis. Sabe-se que Lenine não tinha qualquer interesse nas experiências verbais dos futuristas (mais adiante, veremos um exemplo disto). Trotsky, por seu lado, exprime a sua desconfiança em relação aos artistas inovadores no seu livro *Literatura e Revolução*: «Na vanguarda da literatura, o futurismo, não menos que qualquer outra escola literária de hoje, é um produto do passado poético.» E conclui a sua análise: «Seria assim muitíssimo pouco sério estabelecer, com base em analogias e comparações formais, uma espécie de identidade entre futurismo e comunismo e, daqui, deduzir que o futurismo é a arte do proletariado.» ([4])

Poder-se-ia então dizer que a proximidade imaginada pelos artistas decorre de uma ilusão gratificante, seguindo a conclusão de certos historiadores. «Vanguarda artística e vanguarda política sonharam por vezes com uma aventura em comum tendo em vista a mesma libertação», afirma Raymond Aron, mas a prática do realismo socialista na URSS mostra o contrário: «A aliança das duas vanguardas nasceu de um mal-entendido e de circunstâncias excecionais.» ([5])

No entanto, a interação pode produzir-se a um nível mais profundo, não consciente, independente das intenções e dos gostos pessoais. As obras de arte agem sobre o espírito do tempo não só adotando e difundindo os seus temas, mas também criando e favorecendo outras ideias, que, de outro modo, ficariam à margem. Assim, contribuem para a promoção não de certas formas artísticas, mas das suas premissas filosóficas ou políticas. É o caso da ideia de soberania do criador, que não deve levar em conta nenhum limite, nenhuma tradição. Desembaraçando-se de todo o peso do passado, postulando que vão praticar a arte literária ou pictórica ou musical de maneira totalmente nova, os criadores comportam-se como um deus omnipotente que, nos primeiros dias da Criação, segue apenas as instruções formuladas pela sua própria vontade. E como este deus antigo é necessariamente criado à imagem que o homem tem de si mesmo, ou do seu ideal, da sua própria perfeição, os vanguardistas da arte recuperam, na verdade, uma velha convicção, à qual dão uma nova existência. Os dirigentes políticos não precisam de gostar das obras de Joyce, Kandinsky ou Schönberg para sofrerem a influência destas escolhas de vanguarda que marcam profundamente a sociedade. Os artistas e os revolucionários veem-se como demiurgos, como deuses criadores ([6]).

Ao mesmo tempo que tornam legítima a prática da tábua rasa, as obras de vanguarda difundem e popularizam as ideias de uma força irreprimível da vontade, de uma ilimitação das capacidades humanas, logo de um ideal sobre-humano, adequado ao novo super-homem. Eliminam a divisão do espaço social existente entre um território sagrado (no qual ninguém tem o direito de tocar) e um domínio profano (que é lícito melhorar), uma vez que essas obras não têm qualquer passado sagrado; e, por isso, reservam-se o direito de definir um novo sagrado (aquilo em que a *população* não terá o direito de tocar).

Este contributo das artes para a eclosão da revolução russa junta-se a muitos outros fatores bem conhecidos, económicos (a industrialização recente), sociais (a abolição da servidão sem distribuição de terras aos camponeses), militares (a derrota frente ao Japão e, depois, a entrada na Primeira Guerra Mundial), políticos (a resistência da monarquia a qualquer redução do seu poder), etc. No entanto, não é um contributo negligenciável, pois atua sobre a forma e a orientação da ação revolucionária. Como aprendizes de feiticeiro que ignoram os resultados dos atos mágicos que realizam, os artistas contribuíram para a vitória da revolução e para a formação do homem novo, sendo a sua conceção da arte aparentada à do novo regime criado pela revolução.

Os conceitos vindos da herança de Nietzsche parecem mais apropriados para descrever a ideologia subjacente dos revolucionários, envolvidos tanto na ação política como na criação artística ([7]). Esta sugestão pode surpreender: na época soviética, o nome de Nietzsche é associado às doutrinas fascista e nazi, que, de resto, não hesitam em inspirar-se no filósofo, e qualquer aproximação às práticas saídas da revolução de Outubro é totalmente proibida. A situação inverte-se na Europa Ocidental, após a Segunda Guerra Mundial: já não é a evocação de Nietzsche que é comprometedora para os adoradores de Estaline, mas é a de Estaline que é rejeitada com indignação pelos admiradores de Nietzsche. Diga-se desde já que, em nenhum dos casos, se trata de uma exegese atenta às pequenas diferenças: tal como os fascistas e os nazis, os comunistas inspiram-se numa imagem popular das ideias nietzschianas, que não procura a fidelidade de pormenor e que lhe oculta a origem. É provável que Lenine e Estaline nunca tenham lido os escritos do filósofo alemão; mas os seus camaradas mais interessados no debate de ideias, como Gorki, Lunacharski, Bogdanov, Trotsky, Bukharine, leram-no; e todos viviam na Rússia e na Europa de inícios do século XX, quando as ideias nietzschianas, reduzidas a fórmulas ou a expressões retumbantes forjadas pelo seu criador, mas subtraídas de todo o contexto, conhecem um sucesso enorme e dão lugar a numerosas reinterpretações. Na Rússia, reconhecem-se sobretudo no princípio dionisíaco, oposto por Nietzsche ao princípio apolíneo, que os comentadores russos veem encarnado na Europa Ocidental.

O marxismo clássico vê duas forças complementares a agirem na história: o determinismo histórico e a vontade humana, esforçando-se por articulá-las de algum modo. Os bolcheviques, tal como os artistas de vanguarda, privilegiam a ação da vontade em detrimento das leis da natureza ou da história. O papel central atribuído por Nietzsche à «vontade de poder» impressionou os espíritos atraídos pela revolução. Associam-lhe o conceito de super-homem, o ser no qual essa vontade se encarna de maneira exemplar. Para exercer o seu poder, o super-homem está disposto a combater infatigavelmente todos os obstáculos, todos os inimigos que se lhe oponham. Sendo a vontade e a força o derradeiro fundamento dos nossos atos, qualquer referência a uma verdade objetiva, aos traços inamovíveis de uma moral absoluta, revela-se enganadora: não existem factos nem verdades eternas, mas apenas interpretações, impostas com mais ou menos força. A arte é elevada ao topo da hierarquia dos valores, sendo a beleza preferível à verdade (ilusória), e o criador é visto como o representante mais completo da humanidade.

Lenine é visto pelos seus contemporâneos como uma encarnação perfeita da vontade de poder. Aquilo que o distingue dos outros dirigentes bolcheviques é esta obsessão, a necessidade de se apoderar do poder político o mais depressa possível. Assim que regressa à Rússia em abril de 1917, começa a argumentar contra todos os seus companheiros de luta para conduzi-los à tomada do poder, em outubro do mesmo ano. Para alcançar este objetivo, está disposto a utilizar todos os meios necessários e nenhum escrúpulo moral o detém. O partido é o super-homem de Lenine, um super-homem que tem sempre razão, destinado a impor a sua vontade não só aos adversários, mas também aos aliados, as massas populares de proletários ou de camponeses. Uma vez concluída a revolução, estas massas tornam-se, para Lenine, uma «matéria humana» que deve ser transformada, modelada pela ação de guias esclarecidos. O conflito e a guerra revelam a verdade profunda da existência, que se apresenta assim como uma série de confrontos inevitáveis e decididos entre amigos e inimigos. Os bons bolcheviques caracterizam-se pela sua dureza em combate, daí os pseudónimos que adotam: Estaline (de aço), Kamenev (de pedra), Molotov (de martelo). Lenine situa-se também na tradição ocidental prometeica ([8]), pensa que é possível realizar qualquer projeto social se se combinar a vontade política e as capacidades tecnológicas (assim, segundo uma expressão que se tornou famosa, «o comunismo é os Sovietes mais a eletricidade»([9])); os homens devem ser tão eficazes quanto as máquinas. Após a sua morte, por impulso de Estaline, mas também de acordo com uma imagem difundida na nova sociedade soviética, o próprio Lenine é considerado um super-homem, um homem-deus, daí a decisão de embalsamar o seu corpo a fim de preservá-lo para a eternidade.

A ação de Estaline, que domina a realidade soviética a partir de 1929, confirma e reforça a inspiração nietzschiana do poder soviético. Contra a opinião dos peritos económicos, o novo guia do país impõe a transformação profunda da sociedade: um país atrasado tem de se tornar uma potência industrial de primeiro nível, no quadro de um plano quinquenal, que terá de ser realizado em quatro anos, e, ao mesmo tempo, é preciso coletivizar a agricultura, substituir a exploração individual da terra por empresas estatais ou cooperativas, seja qual for a resistência dos camponeses afetados. A economia submetida ao plano opõe-se à economia abandonada à arbitrariedade do mercado, tal como o domínio da história e da natureza se opõe ao acaso. O custo destas transformações, com milhões de camponeses mortos à fome, é pesado, mas não impressiona nada Estaline, que estabeleceu o objetivo de transformar não só a ordem social, mas também os próprios indivíduos. Comporta-se assim como artista de vanguarda – cujas obras seriam uma nova sociedade, um homem novo – e dá pouca atenção às tradições, às formas de vida preexistentes, à resistência dos materiais, mesmo que se trate de um «material» humano e, num primeiro tempo, vivo.

Estaline inverte a hierarquia preconizada pela doutrina comunista: agora, a política prevalece sobre a economia, a superstrutura importa mais que a infraestrutura, o ideal internacional é substituído pelo do Estado nacional forte; o modelo de Estaline torna-se o czar Ivan, *o Terrível*. A sua vontade de ferro exprime-se em fórmulas que se tornam palavras de ordem, incansavelmente repetidas: «Nenhuma fortaleza pode resistir aos bolcheviques», «a tecnologia decide tudo», pratiquemos «uma extensão ilimitada do possível». Ele próprio é caracterizado por um dos seus turiferários, Karl Radek ([10]), como «arquiteto da sociedade soviética», sendo o domínio sobre a população assimilado ao domínio que o especialista exerce sobre a matéria inanimada.

Não é só Estaline que encarna este ideal de super-homem com vontade de ferro. Ao mesmo tempo, desenvolve-se na União Soviética um autêntico culto dos heróis. São criadas categorias hierarquicamente superiores às massas, Heróis da União Soviética, Heróis do Trabalho Socialista, stakhanovistas. Em muitos casos, a literatura segue a mesma via. Sabemos que Estaline decidiu designar os escritores como «engenheiros das almas humanas». Este projeto é ilustrado de maneira exemplar num livro muito popular nos anos 1930, *Assim Foi Temperado o Aço*, de Nikolai Ostrovski (o aço, *stal'*, lembra o pseudónimo que Estaline escolheu para si próprio). O protagonista, fortemente incapacitado (é cego e paralítico), consegue superar as suas enfermidades apenas pela força da sua vontade e escrever um romance. Para além destas figuras simbólicas, milhões de homens soviéticos comportam-se, mais ou menos conscientemente, como pequenos Estalines: dão livre curso à sua vontade de poder, julgam estar para além do bem e do mal. Submetem-se a ordens e, por sua vez, submetem os outros; são, em simultâneo, vítimas e executores do sistema, a matéria que a máquina tritura e uma engrenagem dessa máquina.

A mesma inspiração encontra-se em diversos domínios da vida real. Anton Makarenko, que dirige um orfanato construído pela Tcheka, propõe produzir, apenas por meio da educação, seres humanos correspondentes ao ideal soviético de disciplina e dureza. Em paralelo, a ciência biológica é submetida ao mesmo esquema ideológico. Rejeitando as teorias «burguesas» da genética, que estabelecem os traços hereditários de cada espécie viva, a biologia soviética é colocada sob a égide do agrónomo Ivan Mitchurine, que declara: «Pela intervenção humana, é possível forçar qualquer forma animal ou vegetal a mudar rapidamente na direção desejada pelo homem.» Aquele que se apresenta como seu discípulo e que reinará sobre a biologia soviética durante décadas, Trofim Lyssenko, concorda totalmente: é possível transformar uma espécie noutra agindo sobre o seu ambiente. «Na nossa União Soviética, as pessoas não nascem. Não *nasci* como ser humano. Fui *feito* ser humano.» «No nosso país, os milagres são possíveis.» ([11])

Outro aspeto do nietzschianismo clandestino de Estaline consiste em levar à letra e expressão «não há factos, só interpretações». O discurso soviético oficial descreve progressivamente a realidade do país em termos que não correspondem à experiência comum, como se as palavras pudessem criar as coisas. Um mundo fabricado pelo verbo deve impor-se à consciência dos habitantes do país em vez do mundo que estes próprios observam e a exigência de verdade deixa de desempenhar qualquer papel. Isto aplica-se não só ao presente, mas também ao passado, em particular no que diz respeito à história recente do país e, sobretudo, do partido comunista no poder: à medida que se sucedem as purgas contra os antigos dirigentes bolcheviques, torna-se necessário reescrever a narrativa das lutas anteriores, para apagar os nomes dos que nelas participaram e acrescentar os nomes dos que estavam ausentes. A prática que consiste em substituir a narrativa que estava na memória das pessoas comuns por uma narrativa fictícia atinge o seu ponto culminante e transforma-se em dogma com a doutrina do realismo socialista. Esta doutrina torna-se norma obrigatória para as artes representativas, como a literatura, em que se exige que se substitua o mundo real pelo que irá advir, sob o pretexto de que a marcha da história obedece a leis imutáveis e que, por isso, o amanhã é mais real que o presente.

Esta codificação da prática do disfarce poderia ser lida como um elogio ao artista criador, mas o papel de fabricante de ilusões é reservado ao próprio guia político; os artistas profissionais têm de se contentar com o papel de meros executantes. A importância desta doutrina ultrapassa em muito o domínio estético; representa, no estado puro, um dos traços dominantes da sociedade soviética sob o governo de Estaline, pois consagra o reino universal da mentira. Não só nas artes, mas também em toda a vida social do país, as pessoas são obrigadas a substituir a realidade por uma ficção, construída de acordo com as instruções formuladas pelo partido. Como resultado, todos se enredam em várias camadas de mentiras. Segue-se um desvanecimento da distinção entre o verdadeiro e o falso, que contamina duradouramente a consciência dos habitantes do mundo comunista, engendrando nestes uma espécie de cinismo moral. O adágio shakespeariano «o mundo é um palco» recebe aqui um novo sentido (e um pouco sinistro). Estaline é o encenador de um espetáculo que tem como cenário todo o país e que ameaça tanto o destino como a saúde da alma dos seus habitantes.

Após Outubro, começa uma segunda grande etapa das relações entre artistas e revolução, ou melhor, do encontro enquadrado por esta revolução. Trata-se aqui da relação entre dois protagonistas, as artes e o poder, os artistas criadores e os dirigentes políticos, o que impõe abordá-la de uma maneira dupla: pela história das ideias e da sociedade e pela análise das obras e da vida dos seus autores, com esta segunda perspetiva a ocupar o lugar principal. Isto permite não dissolver o destino dos indivíduos na generalidade dos conceitos, ver o valor exemplar desses percursos semeados de emboscadas, preservando a diversidade das experiências vividas. Este trabalho reservou-me algumas surpresas. Enquanto tentava esboçar as grandes linhas de um processo que dura várias décadas, perceber as principais características de um segmento da experiência totalitária e identificar uma rede de regularidades e interdependências, senti-me invadido pela emoção face ao carácter dramático e até trágico destas vidas; por estes artistas, senti uma compaixão que não podia ser diminuída pelos seus eventuais passos em falso ou pelas suas fraquezas.

A isto, acrescentou-se uma reação de ordem estética: as peripécias destas vidas lembram-me os episódios com a ajuda dos quais um hábil romancista ilustra os itinerários seguidos pelas suas personagens. Os artistas dos quais recordo os percursos não só foram criadores de grande talento (o seu número na vida artística da Rússia, nas primeiras décadas do século, é impressionante), como também as suas próprias vidas possuem uma incontestável qualidade romanesca, cheias de surpresas, reviravoltas, enigmas e revelações, tendo muitas vezes um desfecho dramático, com assassínios, suicídios, traições, atos heroicos e coragem.

A minha reação de emoção e de compaixão explica-se, sem dúvida, pela minha própria biografia. Não partilhei de modo algum o destino das personagens cujos percursos descrevo neste livro; nasci demasiado tarde para isso e noutro país. A vida do meu pai, em contrapartida, já se assemelha mais às vidas aqui evocadas. Nasceu em 1901, ou seja, poucos anos depois de Eisenstein e antes de Chostakovitch, dois dos meus protagonistas. Na sua juventude, teve convicções de esquerda. Entre 1924 e 1927, habitou em Berlim, em teoria para concluir os seus estudos (de filologia e história); na prática, passava a maior parte do tempo na companhia de outros estudantes búlgaros na Alemanha, que militavam no seio de uma organização indiretamente controlada pelos comunistas, e levava (na medida dos seus meios) uma vida de boémia, frequentava os espetáculos de teatro alemão de vanguarda ou os concertos de música moderna, os cafés e as cervejarias. Teria bastado um pequeno golpe de azar para que se envolvesse mais nas suas atividades políticas; em 1933, fugindo de Hitler, poderia ter emigrado para a URSS e, mais tarde, conhecer o gulag... Mas o pai dele deixou de o sustentar em 1927 e, então, regressou à Bulgária, casou-se, teve filhos...

Cresci na Bulgária, após a Segunda Guerra Mundial, quando o meu pai já começara a ter alguns problemas com o poder comunista. Mas fui certamente influenciado por outro traço da sua vida interior: ele estava muito ligado à cultura russa. Dominando bem a língua, acumulara nas prateleiras da sua biblioteca privada muitos livros em russo, nomeadamente os «grandes clássicos» do século XIX, mas também certos autores soviéticos. Falava disso com paixão. Os meus pais mandaram-me para um liceu onde o ensino de todas as disciplinas era feito em russo, o que me levou a ficar familiarizado com esta língua desde essa época. Enquanto estudante, descobri na biblioteca do meu pai os escritos dos formalistas russos, publicados no seu país nos anos 1920. A tradução destes livros em francês foi o primeiro trabalho em que me envolvi quando me instalei em Paris, em 1963.

Isto conduz-me a uma segunda personagem que facilitou a minha relação com os artistas russos do período de entre as duas guerras. Quando se aproximava o momento da publicação das minhas traduções, um dos meus amigos de então (sem dúvida

Gérard Genette ou Nicolas Ruwet) aconselhou que, para essa *Antologia dos Formalistas Russos*, pedíssemos um prefácio a um formalista que habitava no Ocidente e cujo nome era conhecido em França, o linguista Roman Jakobson (1896-1982). Travei assim conhecimento com ele (em 1965), sem suspeitar que, durante os quinze anos seguintes, iria ocupar-me da publicação de muitos dos seus escritos em francês e que, portanto, iria vê-lo com regularidade. Também não sabia então que, do tempo em que habitara na Rússia, Jakobson fora próximo de vários artistas de vanguarda, o pintor Malevich, os poetas futuristas Khlebnikov e Maiakovski, e que, para ele, essas amizades haviam sido mais essenciais para a sua formação intelectual do que os cursos de filologia ou de linguística que seguia na universidade. Para mim, a figura de Jakobson estabelece agora um contacto direto com essa geração de artistas russos.

Gostaria de associar a esta evocação uma terceira pessoa que me permite sentir este período da história como um passado que me toca pessoalmente. Trata-se de Lidiya Ginzburg, crítica literária soviética que nunca conheci em carne e osso. Nascida em 1902, estudou com outros formalistas (Tynianov, Eichenbaum), viveu em Leninegrado durante os três anos de cerco no tempo da guerra e publicou vários livros. Em 1989, um ano antes da sua morte, enviou-me o seu último livro (em russo), intitulado *O Escritor na Sua Mesa de Trabalho*, composto de diversos escritos cuja publicação se tornou possível nesses anos de «perestroika». Um deles intitula-se «Uma geração na viragem», datado de 1979, quando Ginzburg tinha 77 anos. Este texto trata exatamente do tema do livro presente, os artistas russos e a revolução; impressionou-me pela sua exatidão e, provavelmente, é o germe do meu interesse pelo tema. Se a autora não tivesse pensado enviar-me o livro em causa, eu nunca teria ouvido falar dele... Em memória destas três pessoas da geração que me precede, dedico este livro aos meus três filhos.

Este livro apresenta-se como um díptico, composto de duas grandes partes, um retrato coletivo e um retrato individual do artista face ao poder totalitário. O retrato coletivo é formado por uma série de secções breves, que evocam a experiência de 15 criadores, escolhidos entre as figuras mais destacadas desta época, a maioria escritores, mas também alguns representantes de outras práticas artísticas. Estes fragmentos ilustram os diferentes momentos da relação entre os protagonistas e a revolução, ou as diferentes escolhas por eles adotadas. Optei por apresentar aqui, em detrimento de uma visão panorâmica, uma sucessão de fotogramas, que, justapostos, formam uma espécie de mosaico, o retrato de uma geração. O retrato individual, por seu lado, segue com maior continuidade o percurso de um único artista, Kasimir Malevich, que se revela particularmente rico, tanto pelos episódios que vive (vanguardismo antes da revolução, tentativa de articulação entre as suas teorias e o poder revolucionário após Outubro, desilusão, nova tentativa de inclusão na vida pública) como pela pluralidade dos meios usados (pintura e escrita, arte, política e filosofia), bem como pela intensidade do seu envolvimento ao longo de todo este percurso.

A estes dois retratos complementares seguem-se algumas páginas de conclusão, nas quais proponho, a partir deste quadro do passado, algumas comparações com o nosso presente.

PARTE 1

DO AMOR À MORTE

1917: a vida na Rússia é marcada, no exterior, pelo quarto ano de uma guerra esgotante, sangrenta e ruinosa contra a Alemanha e os seus aliados; no interior do país, por um aumento das agitações sociais. No fim do mês de fevereiro, uma revolta eclode na capital, Petrogrado. É formado um governo provisório, no qual os liberais são maioritários, mas têm de partilhar o poder com os Sovietes (conselhos), que representam os soldados e os operários, e são influenciados por diferentes correntes socialistas, também sujeitas à pressão das massas urbanas. O czar abdica (em 15 de março), colocando um ponto final no regime monárquico secular. A história está em marcha: é a revolução de fevereiro.

Nos dias que se seguem à instalação do governo provisório, são proclamados princípios liberais que transformam a vida do Estado russo. A pena de morte e a censura são abolidas, as liberdades políticas fundamentais são reivindicadas, os tribunais militares dissolvidos, as discriminações étnicas e religiosas revogadas. É instaurado o sufrágio universal, as mulheres obtêm o direito de votar e de ser eleitas, o dia de trabalho é fixado em oito horas. Estas medidas têm a aprovação da *intelligentsia* e dos artistas criadores. No entanto, este governo não controla o exército, não é capaz de o organizar e deseja continuar a guerra, o que não acalma a revolta dos soldados. Também não implementa uma reforma agrária e não distribui as terras aos camponeses, o que provoca um estado de agitação nos campos. O país resvala para a anarquia, enquanto, ao longo dos meses, se sucedem outras peripécias: um segundo governo provisório presidido por Kerensky e dominado por correntes socialistas moderadas; depois, uma tentativa abortada de tomada do poder pelos conservadores.

Os bolcheviques, corrente socialista radical, mas minoritária, liderada por Lenine recentemente regressado ao país, militam por uma paz imediata, o que lhes granjeia um aumento dos apoiantes, pois parecem os guardiães vigilantes das conquistas revolucionárias. No outono, tomam a decisão de derrubar o governo provisório. O golpe de Estado ocorre em finais de outubro (em 7 de novembro, segundo o calendário gregoriano), em Petrogrado. Moscovo cai dez dias depois, seguida por outras cidades. Menos de um ano depois, aquilo que começara por ser apenas um golpe de Estado transforma-se numa verdadeira revolução, que abala todos os elementos do antigo regime – um novo tipo de revolução, pois visa de imediato o estabelecimento de um regime totalitário, intolerante a qualquer forma de pluralismo de poderes.

Um mês depois, para assegurarem o domínio absoluto, os bolcheviques criam uma polícia secreta e omnipotente, a Tcheka (que mudará várias vezes de nome: GPU, NKVD, MVD, KGB; designá-la-ei também pelo termo «os Órgãos»), restabelecem a pena de morte, interditam os partidos «burgueses» (não socialistas) e decidem dissolver a Assembleia eleita (onde são minoritários). No entanto, antes de darem este passo decisivo, tomam medidas relativas aos artistas criadores.

O regime totalitário exige sempre a substituição da pluralidade pela unicidade. Os domínios afetados pelo processo também são múltiplos: a pluralidade das orientações políticas é suprimida em proveito de um partido único, os poderes são concentrados nas mesmas mãos, a informação tem apenas uma fonte, a religião é submetida ao poder temporal, a economia à política. Durante o período que aqui nos ocupa, 1917-1941, a relação entre poder político e artistas criadores passará por várias fases, que se distinguem pela extensão do domínio que o regime exerce sobre a sociedade, afetando os territórios da existência do indivíduo, anexados uns após os outros: em primeiro lugar, as ações e os comportamentos, depois, as ideias professadas e, por último, as formas das obras de arte.

A primeira fase corresponde aos anos imediatamente posteriores à tomada do poder, 1917-1922, anos de guerra civil, vencida pelo governo bolchevique, e de consolidação do poder e das suas instituições. A atitude inicial tem duas vertentes. Por um lado, saúda-se com alívio a partida dos elementos mais hostis, expulsos à força ou liquidados. Por outro, a partir de dezembro de 1917, os bolcheviques tentam atrair os que não se envolvem em atos considerados hostis ao regime soviético. Organizam um primeiro encontro com os representantes dos artistas criadores, sob a égide do comissário para a Cultura e Educação, Anatoli Lunacharski. Este convida 120 artistas; parece que só seis foram à reunião, dos quais apenas três gozavam de uma verdadeira notoriedade. Mas os dirigentes bolcheviques não desanimam, pois sabem que, mais cedo ou mais tarde, os criadores precisarão deles. Quanto aos artistas, face ao caos revolucionário, procuram às apalpadelas a reação mais apropriada.

Durante um segundo período, 1922-1935, o poder político já se sente suficientemente estabelecido e tem a possibilidade de reprimir legalmente os comportamentos antissoviéticos; inicia então a conquista de um novo território, o do pensamento e das ideias. Os artistas criadores não devem ultrapassar certos limites, a produção de obras manifestamente antirrevolucionárias ou hostis ao regime é interdita, mas, embora respeitem estas restrições, gozam no início de uma certa liberdade. Constituem então diferentes grupos e movimentos, que procuram adaptar-se à nova situação, claramente destinada a durar, discutem com vivacidade entre eles, mas são todos tolerados pelo poder central.

Por fim, durante uma terceira etapa, 1935-1941, o território controlado pelo partido (por meio do Estado, dotado de uma polícia omnipresente) aumenta: após as ações e as ideias, estende-se ao domínio das formas específicas de cada arte. Doravante, só uma forma será considerada adequada ao dogma comunista. Como a escolha da única forma apropriada se fixa normalmente na que precedia as tentativas artísticas de revolucionar a prática das artes, o movimento adquire o sentido de uma contrarrevolução cultural. Deste modo, a construção totalitária atinge o seu apogeu, uma vez que já não lhe escapa mais nenhuma parcela das atividades públicas. É também a época do pacto germano-soviético (1939-1941), no qual os dois regimes totalitários reconhecem tacitamente (mas não publicamente) a sua similaridade.

Segundo outro ponto de vista, podemos descrever esta evolução não como uma extensão progressiva do regime totalitário, mas como uma relação amorosa entre os artistas e a revolução: um estado inicial de amor idílico, durante o qual dirigentes políticos e criadores imaginam poder viver numa harmonia feliz, seguido de uma relação mais tensa, que se transforma gradualmente num combate entre duas forças muito desiguais, que resulta na morte de um dos parceiros.

CAPÍTULO 1

O choque revolucionário

É verdade que muitos artistas criadores escolherão emigrar ou já se encontram no estrangeiro na altura do golpe de Estado. É o caso, nomeadamente, dos *Ballets Russes* de *Diaghilev* e dos artistas que lhe estão associados, como o compositor Igor Stravinsky ou o casal de pintores Natalia Gontcharova e Mikhail Larionov. Outros deixam o país nos primeiros anos pós-revolucionários, como os músicos Serguei Rachmaninov (em 1917) e Serguei Prokofiev (no mesmo ano), os pintores Vassily Kandinsky (em 1921) e Marc Chagall (1922). São muitos os escritores que seguem o mesmo caminho, como Ivan Bunine (em 1918), Máximo Gorki (em 1921) ou Marina Tsvetaieva (em 1922). O futuro romancista Vladimir Nabokov parte com a sua família em 1917. Alguns destes emigrados (mas raros) regressam mais tarde à Rússia soviética, em circunstâncias sempre particulares, como Gorki (em 1932), Prokofiev (em 1936) ou Tsvetaieva (em 1939).

Outros são expulsos pelo próprio regime, como o caso de um grupo de intelectuais, filósofos e teólogos, embarcados num navio rumo ao Ocidente em 1922. Lenine, na origem desta iniciativa, anuncia-a assim a Estaline: «Limparemos a Rússia por muito tempo. [...] Todos estes inimigos – fora da Rússia. [...] Prender algumas centenas sem anunciar qualquer motivo – vamos a isso, senhores! [...] É preciso limpar depressa.» ([1]) Na mesma altura, Trotsky publica no *Pravda*, jornal do partido, um artigo intitulado «Ditadura, onde está o teu chicote?», no qual apela a medidas mais severas contra os intelectuais. A terceira medida a respeito dos indivíduos cujo comportamento parece irreconciliável com os princípios do novo regime é ilustrada pelo caso do poeta Nicolai Gumilev, um espírito independente, acusado de ter participado numa conspiração antibolchevique, cuja veracidade nunca foi provada; será detido e executado em 1919.

Bunine, crítico da linguagem

É difícil encontrar uma regra geral que permita explicar por que razão certos artistas veem, antes de tudo, os aspetos negativos da transformação a que assistem, enquanto outros são sensíveis aos seus elementos promissores. Aquilo que podemos observar, em contrapartida, é que os primeiros se atêm a uma descrição literal dos acontecimentos que testemunham, enquanto os segundos são atraídos pela sua interpretação simbólica. Vejamos, para já, alguns exemplos que representam a via crítica.

Ivan Bunine (nascido em 1870), filho de um proprietário de terras, romancista e novelista bem conhecido na Rússia antes da Primeira Guerra Mundial, manifesta uma rejeição visceral imediata por tudo o que a revolução representa; deixa Moscovo em 1918 para se refugiar no sul do país, ainda não submetido ao controlo bolchevique. Em 1920, emigra para França, onde habitará até à sua morte (em 1953); será o primeiro prémio Nobel russo de Literatura, em 1933. As suas impressões imediatas sobre a revolução foram registadas num diário íntimo, que abrange os períodos de janeiro a março de 1918 (em Moscovo) e de abril a junho de 1919 (em Odessa), por ele publicado com o título *Dias Malditos*.

Bunine sente-se indignado pela onda de violência, exações, assassínios arbitrários, pelo aumento geral da crueldade, pelo reinado da anarquia. Está chocado com a ausência de resistência a esta loucura coletiva. Como escritor, é particularmente sensível ao uso abusivo das palavras, com os vocábulos grandiloquentes a servirem sobretudo para dissimular a realidade hedionda. «O demónio do ódio de Caim, da ferocidade e da arbitrariedade mais selvagem, soprou sobre a Rússia, exatamente nos dias em que eram proclamadas a fraternidade, a igualdade e a liberdade. [...] Vivemos dia e noite numa orgia de morte. E tudo isto em nome do "futuro radioso" que deverá nascer destas trevas diabólicas» (ele próprio utiliza muitas metáforas bíblicas). As palavras têm um poder temível, adquirem a força de exorcismos mágicos, transformando os atos que designam no seu contrário. «Sinto literalmente uma dor física perto do seio esquerdo quando ouço as palavras "tribunal revolucionário". Porquê um "comissário", porquê um "tribunal", e não simplesmente um processo? Porque estas meras palavras revolucionárias sacrossantas permitem, com essa coragem, chafurdar no sangue até aos joelhos.» ([2])

Por esta razão, talvez, Bunine é particularmente hostil aos escritores e intelectuais, profissões que deveriam velar pelo bom uso da língua. É sistematicamente hostil em relação a Gorki, Maiakovski, Lunacharski, mas quem o irrita mais é o poeta Aleksandr Blok, antigo próximo seu e do qual não ignora o talento: é, pois, um traidor, um «fornicador do verbo» que se tornou «um bolchevique apaixonado». Depois de ter relatado uma série de pogrons, Bunine acrescenta este comentário: «O povo é presa da música da revolução – escutai, escutai a música da revolução!» ([3])

Bunine não tenta compreender a atração que a revolução exerce sobre o espírito de muitas outras pessoas; em geral, o seu diário contém mais observações que reflexões. Aquilo que mais se assemelha a uma explicação é a sua comparação das massas revoltadas a sub-homens, mais animais que humanos. «O símio revela-se no homem», «um gorila furioso»; em toda a parte, vê uma «multidão animal», um «mar transbordante de selvagens». Sente-se que procura nisso uma justificação para o desprezo que sente em geral pelos pobres, pelos incultos, pelos marginais, que se estende agora a toda a espécie. «Pelo homem, sinto apenas repugnância!» ([4])

Bulgakov em 1917

O caso de Mikhail Bulgakov (nascido em 1891) é muito diferente, pois, em 1917, ainda não era escritor. Nascido numa família abastada (o pai é professor de teologia na universidade), trabalha como médico numa província russa isolada e, nessa altura exata, luta contra a sua dependência da morfina, contraída durante o verão desse ano; consegue libertar-se ao fim de um ano. Entretanto, realiza várias viagens pela Rússia vítima das sublevações revolucionárias. Numa carta à irmã, datada de 31 de dezembro de 1917, resume assim as suas impressões:

> Irá o tempo antigo regressar? O presente é tal que me esforço por viver sem nele reparar... sem o ver nem o ouvir!
>
> Durante a minha viagem recente a Moscovo e a Saratov, tudo me foi dado a ver com os meus próprios olhos, aquilo que nunca mais queria voltar a ver.
>
> Vi as multidões cinzentas ululantes, proferindo injúrias ignóbeis, partindo os vidros dos trens, vi pessoas a serem espancadas. Vi casas demolidas e incendiadas em Moscovo..., rostos obtusos e

> animalescos. Vi multidões que cercavam as entradas dos bancos atacados e fechados, filas de esfomeados em frente das lojas, oficiais perseguidos e na miséria, vi jornais nos quais, no fundo, só se fala de uma coisa: do sangue que corre a Sul, a Oeste e a Leste, das prisões. Vi tudo com os meus olhos e percebi definitivamente o que se passava. ([5])

Bulgakov, como vemos, limita-se a uma descrição literal dos acontecimentos que observa. É de admirar que, tendo estas opiniões, não tenha sentido vontade de emigrar. Os seus dois irmãos exilar-se-ão em França; chega mesmo a contemplar esta possibilidade no verão de 1921, quando se encontra no Cáucaso. No entanto, depois de ter pesado os prós e contras, escolhe outra via: instala-se em Moscovo, onde quer viver o destino de um escritor russo.

Estas primeiras reações negativas à revolução de Outubro dizem mais respeito ao estado de anarquia que a precedeu e que prossegue, gerando uma brutalização acrescida da vida social, do que às suas dimensões especificamente comunistas.

Gorki, defensor do Iluminismo

Enquanto Bunine emigra o mais cedo possível e Bulgakov, na mesma altura, resolve permanecer na Rússia, Máximo Gorki (nascido em 1868), o nosso terceiro representante da via «crítica», seguirá um trajeto mais complexo: parte em 1921 e regressa como visitante em 1929 e, depois, em 1932, permanecendo no país até à sua morte (em 1936). Mas a posição de Gorki nesta constelação é, de qualquer modo, singular.

Desde logo, é excecional pelas suas origens. Os membros da *intelligentsia* russa provêm habitualmente da pequena ou grande burguesia ou de meios já intelectuais. Gorki é filho do povo; órfão, conheceu uma vida miserável e tumultuosa.

Autodidata, descreve nas suas primeiras obras a vida das gentes humildes; mais tarde, as suas narrativas autobiográficas sobre a sua juventude conhecem um sucesso imenso. De sensibilidade socialista, mas não doutrinário («sinto-me herético em toda a parte» ([6]), escreve ele em 1917), tornou-se um «anunciador de tempestades», segundo o título do seu poema em prosa. Após a revolução de 1905, é obrigado a sair da Russia; na emigração, é cortejado pelos outros emigrados russos, como Lenine, que conhece a grande audiência do escritor na Rússia. Regressa ao país em 1912 e, durante a guerra, defende uma posição internacionalista. Em 1917, acolhe com abertura a revolução de Fevereiro e escreve com regularidade no jornal *Novaia zhizn'* («Vida Nova»), publicado pelos SR, os socialistas revolucionários (não bolcheviques). Estes artigos constituirão o volume *Pensamentos Intempestivos*, cujas primeiras versões russas são publicadas em 1917 e 1918.

O ideal em que Gorki se inspira é, em grandes linhas, o do Iluminismo. Relativamente aos acontecimentos de outubro, o seu juízo fortemente crítico aproxima-o de Bunine, ainda que o espírito um pouco altivo deste lhe seja estranho (Bunine não se apercebe desta proximidade no teor das suas reações, e está convencido de que Gorki simpatiza com o novo poder). Nos artigos que publica logo após o golpe de Estado bolchevique, Gorki não tem papas na língua. «Lenine e os seus irmãos de armas permitem todos os crimes possíveis», escreve ele em 7 de novembro (calendário antigo): são carnificinas, destruições, detenções arbitrárias, «crimes odiosos, insensatos e sanguinários», dos quais ele denuncia a «selvajaria geral». A justiça é substituída por linchamentos. Inimigos da lei e da ordem, os bolcheviques inspiram-se sobretudo no anarquismo revolucionário de Netchaev, terrorista do século XIX. Pretendendo abolir o poder czarista, estabelecem um regime despótico que não é muito melhor; suprimem a liberdade de expressão. «Será que o poder leninista age de maneira diferente do poder dos

Romanov quando detém e manda para a cadeia todos os que não pensam como ele?» Não é por condenar o antigo despotismo que Gorki aprova os que o derrubaram. «O extermínio maciço dos opositores é um antigo processo usado na política interna dos governos russos, desde Ivan, *o Terrível*, até Nicolau II». É provavelmente o primeiro comentador a observar que, longe de se situar no prolongamento da revolução de Fevereiro, a de Outubro é um retrocesso, assemelhando-se em muitos aspetos ao regime czarista anterior: a dissolução da Câmara dos Deputados eleita, a instauração de uma polícia política com um regime de repressão, o restabelecimento da censura.

A razão profunda deste recurso sistemático à violência é o programa utópico dos bolcheviques, rico em promessas irrealizáveis: nunca poderia ser promovido sem derramamento de sangue. «A dupla Lenine-Trotsky legitima o despotismo do poder.» Gorki não acredita no sucesso destes empreendimentos. «As ideias não triunfam pela violência física.» ([7]) Na sua ação, Lenine comporta-se como um experimentador frio, envolvido numa investigação quase científica, mas o seu material é constituído por seres humanos vivos, que trata como coisas inanimadas. «Os comissários do povo servem-se da Rússia como se fosse um campo experimental; para eles, o povo russo é como um cavalo no qual os bacteriologistas inoculam a tifo para que segregue no seu sangue um soro antitifo. Gorki aponta o dedo à responsabilidade pessoal e ao carácter de Lenine, ainda que não acuse diretamente o guia. «Lenine porta-se como um químico no seu laboratório», disposto, para as necessidades da sua experiência, a matar os organismos vivos. «Escravo do dogma», indiferente ao sofrimento dos que o rodeiam, comporta-se com «uma verdadeira dureza de fidalgote em relação à vida das massas populares» ([8]).

No entanto, na primavera de 1918, Gorki inflete a sua posição. As suas críticas são tão incisivas como antes, mas já não visam os mesmos alvos: mais do que incriminar a ideologia utópica dos bolcheviques e dos seus dirigentes, como Lenine, parece apontar como o principal responsável pelo desastre a que ele assiste o próprio povo inculto, os mujiques próximos dos elementos enfurecidos, e os que os enquadram no quotidiano, a que ele chama «os comissários». Esses camponeses russos, cuja vida já não se submete a nenhuma norma, parecem-lhe mais filhos de Pugachev, o líder camponês rebelde do século XVIII, que de Marx. O homem não educado não pode ser livre; antes de transformar as estruturas do Estado, devia entregar-se a um longo trabalho cultural, industrializar e modernizar o país. Em consequência, os ataques diretos contra os bolcheviques atenuam-se: Gorki parece dar-se conta de que o controlo do poder pelos bolcheviques será duradouro e que, para influenciar o sentido da história, mais vale agir por intermédio dos dirigentes revolucionários, tornando-se conselheiro destes. Por outras palavras, torna-se mais realista – mas isto também significa que se inclina diante do facto consumado e considera legítima uma força a partir do momento em que se torna vitoriosa. O horizonte desta lógica consiste em justificar que, num conflito, se procura sempre ficar do lado do vencedor. Gorki continua a inspirar-se no programa do Iluminismo, mas aceita agora a sua versão de «despotismo esclarecido».

O tom crítico e professoral adotado por Gorki e pelos outros colaboradores da revista em que publica as suas diatribes, embora não vise pessoalmente Lenine, acaba por desagradar ao líder bolchevique. No verão de 1918, na altura em que este passa da fórmula «todo o poder para os Sovietes» para a máxima não formulada «todo o poder para o partido» e, portanto, para o dogma do partido único e infalível, interdita o *Vida Nova*. Este gesto ilustra a supressão da liberdade de expressão e de todo o pluralismo, denunciada por Gorki. No entanto, as relações entre os dois homens não se rompem:

Lenine continua a desejar beneficiar do prestígio do escritor vindo do povo, enquanto Gorki passa de uma crítica «externa», que contesta a legitimidade do poder bolchevique, para uma crítica «interna», que procura infletir a sua orientação. Durante os anos seguintes, Gorki endereça numerosas cartas «amistosas» a Lenine e aos outros dirigentes, nas quais apresenta a sua opinião sobre as decisões que devem tomar. Ora defende a causa de outros membros da *intelligentsia*, como Blok ou os artistas de teatro impedidos de viajar para o estrangeiro, ora defende a liberdade de publicação e expressão. Lenine fica exasperado com estes conselhos não solicitados e convence o escritor a regressar a Itália, onde já estivera antes da guerra – ou seja, convence-o a emigrar.

Gorki abandona a Rússia em 1921, mas continua a enviar aos dirigentes soviéticos as suas opiniões sobre os assuntos correntes. Assim, em 1922, numa carta dirigida ao chefe do governo, comenta a perseguição que é movida contra os socialistas revolucionários: «Se o processo dos socialistas revolucionários for concluído com um assassínio – será um assassínio fortemente premeditado, uma morte ignóbil. [...] Desde o início da revolução que indiquei milhares de vezes ao poder soviético que o extermínio da *intelligentsia* num país iletrado e inculto é um absurdo e um crime.» ([9]) A reação do *Bureau* Político será encomendar um artigo sobre Gorki, a ser publicado em línguas estrangeiras, para se dissociar dele diante do público estrangeiro: lembrar que as suas obras são apreciadas, mas que ninguém leva a sério as suas ideias políticas.

Meyerhold, o entusiasmo

Os três artistas famosos que participam na reunião com o poder bolchevique, em dezembro de 1917, são o poeta simbolista Aleksandr Blok, o poeta futurista Vladimir Maiakovski e o encenador Vsevolod Meyerhold. Seguiram percursos muito diferentes, ilustrando bem a variedade dos caminhos que podiam conduzir a uma adesão à revolução. O entusiasmo de Meyerhold e de Maiakovski ou a música dos elementos que, na mesma altura, Blok ouve estão muito longe das descrições literais produzidas por Bunine, Bulgakov ou Gorki.

Vsevolod Meyerhold, nascido em 1874, é o *enfant terrible* do teatro russo do século XX, um artista que frequentou a escola de Stanislavski, mas que há muito se tornara independente; tornou-se famoso pelas suas encenações iconoclastas de peças clássicas e contemporâneas, em particular simbolistas; os seus espetáculos não revelam qualquer interesse por temas políticos. Durante os anos de guerra, trabalha normalmente no teatro imperial Marie, de preferência sobre temas patrióticos.

Na efervescência que se segue aos dias revolucionários de fevereiro e março, em 14 de abril de 1917, Meyerhold participa numa reunião cujo tema é a «A revolução, a guerra e a arte». É a sua primeira oportunidade para estabelecer uma aproximação entre a sua revolução artística e a que se desenrola ao mesmo tempo na rua. Um relato da época preservou um vestígio desta intervenção, cujo título é «A revolução e o teatro». Nesse texto, podemos ler: «O senhor Meyerhold liga a revolução ao teatro e à revolução na rua por uma data. Em 1905, enquanto a agitação popular esmorecia nas ruas de Moscovo, no Studio de Moscovo preparava-se a encenação de *A Morte de Tintagiles* [de Maurice Maeterlinck, na encenação de Meyerhold], onde surgia a figura invisível, mas assustadora da rainha. [...] A revolução era esmagada na rua, mas o teatro continuava a desempenhar o seu papel revolucionário. Agora, os papéis parecem invertidos.» Se se conseguir recuperar este novo atraso, «o teatro estará à altura» ([10]).

Meyerhold participa também noutras reuniões e na organização de um sindicato profissional de artistas. Mas quer manter as fronteiras: em novembro de 1917, após outra reunião, explica assim o seu pensamento: «Falei de separação entre a arte e o Estado [...] A minha intenção era afirmar a independência da arte em relação à política.» ([11]) Os seus sentimentos pessoais não parecem evoluir numa direção favorável à revolução. Na mesma altura em que participa na reunião com o comissário da Cultura, em dezembro de 1917, escreve ao seu colega encenador Tairov: «Em outubro, fui incapaz de trabalhar por causa da atmosfera em que estava mergulhado; tudo estava impregnado desse veneno que culminou no dia 25 com a sublevação dos revoltosos.» ([12])

No entanto, percebe rapidamente que o auxílio dos poderes públicos é indispensável ao homem de teatro, pois os poderes estão cada vez mais concentrados nas mãos dos bolcheviques (como Gorki, é pelo realismo político que justifica a sua submissão à vontade do conquistador). No verão de 1918, adere ao Partido Comunista. Sendo amigo de Maiakovski desde antes da guerra e reconhecendo-se nas ideias vanguardistas deste poeta, Meyerhold decide encenar a sua peça *Mistério Bufo*, com cenários de Malevich, para celebrar o primeiro aniversário da revolução de Outubro. Apesar da resistência de outros marxistas de gosto mais convencional, consegue pôr a peça em cena, mas apenas com três representações. A partir deste momento, é visto por todos como um partidário incondicional dos bolcheviques.

Meyerhold deseja contribuir para a criação do novo mundo comunista, constituir um novo reportório revolucionário, dar a «ouvir o bramido da nossa época» ([13]). Em junho de 1920, apresenta um manifesto que começa assim: «A arte, jardim de flores luxuriantes, só estará em boas mãos após a instauração da ditadura do proletariado.» ([14]) Em setembro do mesmo ano, é nomeado diretor dos teatros, reportando ao comissário para a Cultura; aproveita o cargo para proclamar uma revolução teatral paralela à revolução política. «É a época em que, desempenhando seriamente o seu papel de dirigente, adota o estilo de comissário, uniforme militar e casaco de cabedal, apenas humanizado por um lenço preto atado à artista.» ([15]) Encarrega uma comissão de transformar os textos cénicos existentes em espetáculos revolucionários. Também não hesita em denunciar publicamente os que não abraçaram realmente a nova doutrina, como a poeta Tsvetaieva. «As questões levantadas por Marina Tsvetaieva revelam uma natureza hostil a tudo o que foi consagrado pela ideia do Grande Outubro» ([16]), escreve ele no *Jornal do Teatro* em 1921.

Poder-se-á ter a impressão de que Meyerhold, encenador acima de tudo, só adere a este projeto político por oportunismo (a sua arte, o teatro, precisa de mais meios materiais que a poesia ou a pintura). Também podemos considerar risível o seu esforço de justificar a identidade das duas revoluções pela coincidência temporal entre as revoltas de Moscovo e os preparativos do espetáculo simbolista. Por último, parece que Meyerhold depõe demasiado facilmente as armas, que abandona demasiado depressa a sua conceção inicial, a do direito da arte à autonomia. No entanto, duas décadas depois, em circunstâncias dramáticas às quais regressaremos, ele próprio afirma que não foi o caso, que o seu desejo de sucesso não estava em jogo nessas reviravoltas: em 1928, estava no auge da sua glória, não precisava de um cartão do partido. «É por isso que ninguém pode acusar-me de ter aderido ao partido por considerações de carreira.» ([17]) Na verdade, como ele próprio diz, é um homem «impulsivo»: num primeiro tempo, acreditou sinceramente que o seu povo atravessava uma aventura extraordinária, inédita, na qual esperava poder acompanhá-lo e ajudá-lo. Em 1930, durante a digressão do seu teatro na Alemanha e em França, um emigrado recente sugere a Meyerhold que devia também seguir o seu exemplo e instalar-se no Ocidente. O encenador, que nesta época não ignora a hostilidade do poder soviético a seu respeito, recusa considerar esta perspetiva. «Porquê?», perguntam-lhe. «Por honestidade» ([18]), responde ele.

Maiakovski ao serviço da revolução

Vladimir Maiakovski (nascido em 1893) adere ainda antes da Primeira Guerra Mundial ao movimento de pintores e poetas que seria designado por futurismo e chega até a ser um dos seus principais animadores. Os futuristas caracterizam-se, sobretudo, pela rejeição das formas existentes da arte, pela obrigação de produzir obras originais, as únicas que podem entrar em consonância com uma sociedade em vias de transformação rápida; daí o interesse pelas grandes cidades ou pelo mundo das máquinas. No plano das ideias políticas, simpatizam também com os que querem mudar a sociedade, os socialistas; mas estas duas correntes, a estética e a política, são paralelas, o que significa que não se cruzam. A liberdade de criação, exigência fundamental dos futuristas, estende-se tanto ao passado (a relação com as formas tradicionais de arte não é favorecida) como às exigências da sociedade ou da moral – a arte não deve submeter-se a injunções vindas de fora (voltaremos a este ponto). O próprio Maiakovski aderiu durante algum tempo ao partido bolchevique, chegou até a estar na prisão (em 1909), mas renuncia ao partido quando os seus interesses artísticos se sobrepõem.

A sua orientação revolucionária manifesta-se a partir desta altura nas obras que cria, bem como num modo de vida não conformista: envergando a sua vistosa túnica amarela, uma cartola, o rosto pintalgado, participa em *happenings* ruidosos em vários locais públicos. Detesta os burgueses, mas, para ele, são reconhecíveis não tanto pelo lugar que ocupam na vida económica do país, mas pelo espírito filistino, conformista e mesquinho de que são portadores.

Os futuristas saúdam com alegria a revolução de Fevereiro e as reformas por esta introduzida, veem até Kerensky (um dos chefes do governo provisório) como digno de ser qualificado futurista. Maiakovski aprecia a abolição da censura; nesta altura, as suas simpatias dirigem-se mais para o anarquismo do que para o socialismo. Participa em reuniões públicas, nas quais a *intelligentsia* artística tenta organizar-se, e chega a criar uma associação chamada «Liberdade da Arte». Intervém num encontro da União dos Trabalhadores Culturais, no qual formula duas exigências: a necessidade de uma nova forma artística, vanguardista, para a expressão das ideias revolucionárias e, ao mesmo tempo, a autonomia dos artistas relativamente aos programas políticos dos partidos. Conclui o seu discurso proclamando: «Viva a vida política russa e viva a arte independente do Estado!» E explica: «Não digo não à política, mas, na arte, não há lugar para a política.» ([19]) Durante os meses seguintes, afasta-se das questões de organização e apresenta-se sobretudo no Café dos Poetas, onde preconiza uma «revolução dos espíritos», anterior a qualquer verdadeira revolução na sociedade.

Maiakovski será favorável à revolução de Outubro e participa na reunião convocada por Lunacharski, mas as suas preferências vão para a revolução de Fevereiro, pois não concorda com o restabelecimento da censura. Tem a esperança de que os futuristas sejam encarregados da direção da vida cultural do novo Estado saído dessa revolução. «A Revolução do conteúdo – o socialismo, o anarquismo – é impensável sem a revolução da forma – o futurismo», afirma ele em março de 1918 ([20]). Mas apercebe-se rapidamente de que não é nada assim; de resto, no mês seguinte, a repressão abate-se sobre os grupos anarquistas com os quais simpatiza. Consegue que a sua peça *Mistério Bufo* seja encenada por Meyerhold para o primeiro aniversário de Outubro, mas as poucas representações programadas não suscitam uma adesão franca por parte dos poderes públicos. Na mesma altura, outro dirigente bolchevique, Zinoviev, declara: «Numa época como a nossa, a literatura não pode ser neutra.» ([21])

Aparentemente, a constatação do fracasso relativo da via que até então seguira levou Maiakovski a uma mudança de direção. Aprova totalmente o movimento revolucionário que grassa na Rússia, desejava acompanhá-lo com a sua especialidade – «fazer versos –, mas verifica a falta de entusiasmo por parte dos dirigentes políticos. O meio que propõe parece inadequado para o fim aprovado. Retira daí as consequências e muda inteiramente de projeto. Em vez da arte autónoma, passa a defender a arte utilitária. No ano seguinte (1919), envolve-se noutro trabalho: redige os textos dos cartazes publicados pela ROSTA, a agência de imprensa da nova República Soviética; produzirá milhares nos dois anos seguintes a esta decisão. No fundo, Maiakovski e todos os que seguem a mesma via aderem a esta nova posição não porque a considerem mais justa, mas porque é a mais forte – por ter vencido, admiram-na e decidem abraçá-la.

Nesta época, Maiakovski ainda não conhecia o teor exato das opiniões dos dirigentes revolucionários sobre as suas obras, que não eram gentis. Numa carta indignada, dirigida a Lunacharski em maio de 1921, Lenine diz-se escandalizado pela grande tiragem a que teve direito uma obra de Maiakovski, qualificando esta decisão como «vergonhosa», acrescentando: «É tudo tolice, absurdidade, extravagância.» ([22]) Para que servem todas essas invenções verbais? Quanto a Trotsky, se, no seu livro *Literatura e Revolução*, reserva um lugar particular para os futuristas, vê Maiakovski mais como um «companheiro de luta» do que como um verdadeiro revolucionário. Não poderia ser de outra forma: para Trotsky, a origem social do escritor determina a orientação política da sua obra. É por isso, escreve ele, «que vemos na poesia futurista um espírito revolucionário mais ligado à boémia que ao proletariado». Isto aplica-se ao seu líder. «O individualismo revolucionário de Maiakovski derramou-se com entusiasmo na revolução proletária, mas não se confundiu com esta. Os seus sentimentos subconscientes [...] não são os de um operário, mas de um boémio.» ([23]) Trotsky aprecia os seus esforços, mas mantém-se reservado quanto ao resultado, pois não reconhece a sua própria revolução nos versos do poeta.

Blok à escuta dos elementos

Meyerhold adere à revolução de Outubro apesar das suas simpatias por Fevereiro e pela autonomia da arte, pois acredita no paralelismo entre política e estética e, ao mesmo tempo, é animado por um desejo intenso de viver, que ele satisfaz trabalhando para o novo Estado soviético. Maiakovski faz o mesmo, mas só depois de uma decisão lúcida, refletida e voluntária; acredita que essa é a melhor maneira de servir o seu povo. O poeta Aleksandr Blok, o menos politizado dos três, adere plenamente e sem qualquer reserva, levado pelo sentimento de que esse é o seu destino; é um ato de fé mística, que dispensa todos os argumentos. O que faz dele também o ato mais trágico dos três.

Blok faz uma entrada estrondosa na poesia russa em inícios do século XX (nascido em 1880, tem então apenas 20 anos) com um ciclo de poemas que cantam o amor quase sobrenatural por uma Bela Dama; estão impregnados pelas reminiscências de textos filosóficos e teológicos, pelo sonho do eterno feminino, da alma do mundo, de Sofia, encarnação terrestre da sabedoria. Na mesma altura, Blok conhece uma jovem a quem atribui todas estas qualidades sonhadas e – milagre – desposa-a. A obra do poeta passa rapidamente por várias etapas. Após os primeiros anos de exaltação extraterrestre, descobre a ironia, o teatro de feira, os cabarés, o excesso dos sentidos, «para além do bem e do mal», e afoga o seu desespero cosmológico no álcool; nas ruelas sombrias da capital, encontra desconhecidas sedutoras, pelas quais não deixa de se apaixonar e que ele sublima em novos ciclos poéticos. Segue-se um período de sobriedade e desencorajamento, alimentado também pelo fracasso da revolução de 1905. A poesia de Blok abre-se aos temas sociais, mas para expressar o seu pressentimento de uma catástrofe iminente, de uma crise terrível, de um momento apocalíptico.

Estas metamorfoses do seu universo deixam intacta uma estrutura subjacente: o poeta pode deixar-se levar pelos anjos ou pelos demónios, cantar o desespero pessoal ou a agitação de uma época, mas o seu fundo continua o mesmo, é o burguês, o filistino, o indivíduo mergulhado na sua vida quotidiana, desprovido de sonhos; o mundo está sempre dividido em dois territórios estanques, o céu e a terra, a essência e a existência, a poesia e a banalidade. Aquilo que não muda é o facto de os poemas de Blok exercerem um verdadeiro fascínio sobre os seus leitores, sejam os pares do poeta ou o grande público.

Em vários artigos escritos em 1908, Blok descreve a sua nova visão do mundo. No artigo intitulado «Elementos [em russo, *stikhija*, no singular] e Cultura», o autor parte de um diagnóstico do estado de espírito que observa em seu redor. «Todos temos, queiramos ou não, lembremo-nos ou não, um sentimento de mal-estar, de angústia, de catástrofe, de rutura.» ([24]) A análise de Blok revela a influência do pensamento nietzschiano. O mundo gravita em torno de dois polos, designados pelos termos do seu título. A *cultura* apolínea está no lado do domínio exercido pela razão e pela moral, da fé no progresso e da Europa Ocidental. No outro lado encontram-se os *elementos*, habitualmente submetidos, mas que a qualquer momento podem libertar-se. O acontecimento que atrai a atenção de Blok nesta direção é o sismo de Messina em dezembro de 1908, que destrói toda a cidade siciliana e causa cerca de 60 000 mortos. Este fenómeno revelou-lhe uma força incomparavelmente maior que a da cultura. Sabe-se que, cerca de vinte anos antes, Nietzsche estava igualmente fascinado pelas erupções vulcânicas, como a do vulcão de Krakatoa

(Indonésia) em 1883, e escrevia: «Duzentos mil seres aniquilados de uma só vez, é magnífico, é assim que a humanidade deveria acabar!» ([25])

Blok é menos extático que Nietzsche, mas não fica menos impressionado pela força desse «elemento» até então adormecido. Associa-lhe outros fenómenos violentos: «a peste, o medo, a fome, a revolta», já não de ordem geológica, mas biológica e até especificamente humana; quando se libertam, formam «um conto absurdo, mas sedutor». Os elementos estão ligados ao princípio dionisíaco, à natureza, à terra, à vida. A Rússia está mais próxima deste polo que a velha Europa, e ainda mais o seu povo, por agora obediente, mas que também passou por revoltas violentas. Outro termo utilizado por Blok para designar este conjunto elementar é a música, não a que recebemos pelos ouvidos, mas a do mundo invisível, captada e decifrada pelo espírito do poeta.

Quando começam as agitações de 1917, Blok vê nelas o esperado despertar do povo e rejubila. Fica encantado com Fevereiro, mas não sabe se é a verdadeira revolução que deseja e que se confunde com a natureza, com os seus elementos libertados. Acolhe com mais alegria os acontecimentos de Outubro, que trazem a prova da radicalização que ele esperava. Participa então na reunião organizada pelo comissário para a Cultura. As destruições, as violências não o preocupam, sabe apreciar como poeta as delícias das catástrofes e pode agora escutar o ruído da queda do mundo antigo, a música da revolução. Exprime a sua adesão ao regime bolchevique numa série de artigos publicados em 1918. É necessário apoiar os bolcheviques, pois estes exprimem as aspirações do povo (por definição boas, pois estão em contacto com os elementos) e aprova não o marxismo dos revoltosos, mas a sua proximidade com a Rússia profunda, a Rússia-tempestade. Se o povo quiser que o sangue seja derramado, este deve ser derramado.

O ponto de vista de Blok é o exato oposto do de Gorki: no par de conceitos distinguidos pelo poeta, a cultura e os elementos, Gorki prefere o primeiro termo e receia o segundo; a proximidade do povo com os elementos é, para ele, uma fonte de ameaças e não de promessas. Isto pode ser explicado, pelo menos em parte, pelas suas experiências vividas. Blok é filho da *intelligentsia* que idealiza o povo – que ele não conhece em primeira mão. Gorki, por seu lado, é um filho do povo que conhece por dentro e sobre o qual tem um olhar crítico. Partilha o ideal iluminista: o povo deve ser esclarecido e educado pelos intelectuais, a Rússia deve seguir a via europeia da emancipação política. Aquilo que, para Gorki é um fim legítimo – a separação do povo e dos elementos –, para Blok, é uma fratura. Sonha com a vida inteiramente nova que nascerá da revolução. «*Refazer tudo*. Agir de maneira a que tudo se torne novo, que a nossa vida de mentiras, de sujidades, tédio e fealdade se torne justa, pura, alegre e bela.» Face a esta perspetiva grandiosa, que importam as vítimas de passagem? «A vida só tem valor na medida em que se exigir infinitamente dela; ou tudo ou nada; esperar o inesperado.» ([26])

Um pouco mais tarde, o seu texto intitulado *O Naufrágio do Humanismo* (1919) termina com esta previsão de espírito bem nietzschiano: «Já se perfila um novo indivíduo, uma nova raça humana; este movimento tende não para o homem ético, político ou humanista, mas para o *homem artista*, o único que será capaz de *viver* e *agir avidamente* nos turbilhões e nas tempestades da nova época, para a qual tende irresistivelmente a humanidade.» ([27])

Os representantes do poder político, por seu lado, regozijam-se com esta adesão incondicional: Blok é o primeiro autor importante a dar-lhes o apoio. É verdade que a situação se altera um pouco a partir do momento em que, no início de 1918, não se contenta em fazer declarações políticas, mas escreve e publica dois longos poemas nos quais formula a sua interpretação da revolução em curso, dois textos de fatura poética original e que serão lidos em toda a parte: *Os Doze* e *Os Citas*. *Os Doze* é o relato da ronda noturna de um grupo de guardas vermelhos que percorrem as ruas da capital, prontos a servirem-se das suas armas a qualquer momento. Um deles surpreende a sua amada nos braços de outro homem e mata-os aos dois. No fim, descobre-se que não são doze por acaso: à frente deles, ao lado da bandeira ensanguentada, marcha Jesus Cristo. *Os Citas* retoma o tema de um poema popular nessa época, que o poeta Valeri Briussov escreveu na altura da revolução de 1905, intitulado *Os Hunos Futuros*: é um hino de boas-vindas aos bárbaros vindos da Ásia, que aniquilarão o mundo antigo (incluindo o poeta), mas, ao mesmo tempo, reanimarão o seu corpo pelo seu sangue fervente. No poema de Blok, as hordas asiáticas são substituídas pelos Russos («os Citas»); erguidos entre os Mongóis e os Europeus do Oeste, participam da energia de Lisboa e de Messina (dois sismos famosos). Sentem aumentar neles o ódio ao mundo antigo e o amor ao novo. Estes bárbaros trazem paz e fraternidade para todos.

Os dois poemas suscitam a indignação dos inimigos da revolução: como ousa o poeta glorificar a violência revolucionária e profanar assim a pessoa de Jesus, assimilando-o aos bolcheviques criminosos? Mas, do lado dos próprios revolucionários, a reação não é muito mais benévola. Trotsky não gosta nada da imagem que Blok dá do comportamento irresponsável dos guardas vermelhos, que se servem das suas armas como bem lhes parece. «Se esse guarda vermelho fosse apanhado, teria sido condenado à morte pelo tribunal revolucionário.» ([28]) Não se podem confundir os desregramentos anarquistas representados por Blok com a disciplina comunista. Lunacharski, por seu lado, lamenta que Blok não tenha posto à cabeça da secção armada, não a «deplorável antiguidade» de Jesus, mas um homem real, por exemplo o secretário do partido, o próprio Lenine!

Percebemos aqui a profundidade do mal-entendido que se instalara entre o poeta e os dirigentes políticos: estes queriam que representasse o exército e a revolução segundo o ideal socialista (o que, mais tarde, será codificado pela doutrina do «realismo socialista»), e Blok representa-os tal como se apresentavam à sua imaginação, encarnação dos elementos libertados: o vento, a neve, a tempestade. Nem o poeta nem os políticos se preocupam com a veracidade concreta destas imagens, tal como não se preocupavam os leitores de ontem ou de hoje, cativados pela beleza dos versos do poeta.

O problema levantado pela visão interior de Blok é que nada pode confirmá-la nem invalidá-la; resultado de um contacto sobrenatural, «musical», místico do poeta com o mundo, é de pegar ou largar: assenta num ato de fé e não numa argumentação racional. E se o poeta deixasse de escutar a música do mundo? Ora, é exatamente o que acontece a Blok em 1929, após o seu período eufórico. De repente, sente que a revolução desapareceu, dando o lugar à política, a vida em seu redor perde todo o sentido e entra progressivamente num estado de depressão. A relação com os anjos alados e os demónios da calamidade é rompida, o fogo extingue-se, só restam cinzas. Blok está esfomeado, cansado, doente, mas não procura tratar-se. Desde que a música o deixou, já não anda, tem dificuldade em respirar. Parece um homem retirado do mundo, que se deixa morrer. Em 18 de abril de 1921, escreve no seu diário: «Os piolhos conquistaram o mundo inteiro, é um assunto encerrado.» O seu desespero é ilimitado.

Contudo, antes de se extinguir, ainda encontra forças para exprimir o último estado das suas reflexões sobre a relação entre o artista criador e o mundo que o rodeia: é o último discurso que pronuncia, em fevereiro de 1921, por ocasião de uma comemoração de Pushkin; dá-lhe o título *Sobre a Missão do Poeta*, e é o seu verdadeiro testamento. Esta missão consiste em três tarefas. Em primeiro lugar, o poeta deve escutar os elementos, ouvir a crepitação do mundo – nisto, as convicções de Blok não mudaram. Em segundo, deve harmonizar os sons que ouve, dar uma forma ao caos original, uma tarefa que, antes, Blok não mencionava: por conseguinte, os elementos não são por si só suficientes. Em terceiro lugar, o poeta deve introduzir os resultados do seu trabalho na sociedade em que habita.

Neste discurso, a última fase da ação artística recebe uma atenção particular; parece formular observações retiradas da sua experiência recente. Vê aqui um novo conflito entre o criador e um avatar do «povo», designado agora por um termo retirado de Pushkin: a «plebe». É o povo açaimado e enquadrado pelos funcionários, pela burocracia (aquilo a que Gorki chamava «os comissários»). «A ação do poeta é absolutamente incompatível com a ordem do mundo exterior.» Ora, «a plebe exige que o poeta sirva, como ela, o mundo exterior, exige-lhe que seja útil». Ela procura obter este resultado agindo principalmente sobre o produto acabado, por meio da censura, controlando a introdução das obras na sociedade. Mas poder-se-ia imaginar que quer também intervir nas duas primeiras fases do seu trabalho – a escuta do ruído do mundo e a atribuição de uma forma àquilo que se ouviu –, e os estragos seriam ainda mais graves (Blok antecipa com razão aquilo que acontecerá nos anos vindouros). O texto termina com esta constatação trágica: «O poeta morre porque já nada tem para respirar; a vida perdeu o sentido.» ([29]) Estamos aqui longe da submissão cega aos elementos e ao povo.

Qual é a causa da morte de Blok? Uma doença cardíaca, fome e subnutrição, esgotamento, sem dúvida. Mas a sua recusa de se tratar, a sua vontade de morrer permitem ver também na sua morte um suicídio lento. Os seus amigos, os seus médicos e os seus admiradores queriam salvá-lo, achavam que, se pudesse ser enviado para um hospital próximo na Finlândia, poderia curar-se. Mas os «funcionários» não estão de acordo. Apesar das intervenções repetidas de Lunacharski e de Gorki, a autorização para viajar para o estrangeiro é-lhe negada pela Tcheka e pelo *Bureau* Político do partido (logo, pessoalmente por Lenine), com o pretexto de que, fora do país, Blok poderia escrever poemas antissoviéticos. O poeta morre em agosto de 1921, com 41 anos. Esta morte «natural» é não só um suicídio, mas também um assassinato. Desaparece assim o primeiro dos três artistas que havia saudado a revolução sem quaisquer reservas, ao contrário dos seus dois camaradas, que – um (Maiakovski), dez anos depois, o outro (Meyerhold), vinte anos depois – terão também mortes violentas.

Pasternak, simpatias e reservas

Há um último grupo de artistas cujas reações à revolução de Outubro não se reduzem a uma simples adesão ou rejeição e que a veem de forma mais matizada. Vejamos dois exemplos.

Em inícios de 1917, Boris Pasternak (nascido em 1890) encontra-se na região dos Urais, onde está encarregado de um trabalho administrativo. Com 27 anos, acaba de publicar a sua segunda coletânea de poemas, *Sobre as Barreiras*, e não tem fontes de rendimento constantes. Nos Urais, conheceu pessoas habitadas por ideias revolucionárias; em finais de fevereiro, ouve rumores de que os acontecimentos se precipitam em Petrogrado. Em março, logo após a abdicação do czar, Pasternak regressa a Moscovo, a sua cidade natal e onde ainda habitam os seus pais. A cidade está em efervescência. Não pode ficar alheio ao ambiente geral, tanto mais que está apaixonado por uma rapariga igualmente fascinada pelas transformações em curso.

Pasternak é afetado por estas transformações, mas abstém-se de participar nas reuniões, comissões ou manifestações que se multiplicam durante esses meses. Mantém as suas ocupações habituais, faz traduções, escreve poemas, projeta uma peça de teatro sobre a revolução – mas a dos Franceses e não a dos Russos. Para ele, o essencial da sua atividade durante o verão de 1917 será a escrita de um novo livro de poesia, *Minha Irmã, a Vida*, que, publicado em 1922, fará imediatamente do seu autor um dos mais famosos poetas russos vivos. Os poemas decorrem da sua experiência amorosa (marcada por uma rutura), mas, ao mesmo tempo, transpiram e fazem reviver a atmosfera eufórica desses meses.

A revolução de Outubro coloca um ponto final nesta agitação. A recordação desses tempos, que Pasternak transcreveu na sua memória autobiográfica *Salvo-Conduto*, escrita em 1931, não tem qualquer coloração política ou moral; contém a experiência de um observador neutro, que permanece fora do acontecimento, numa experiência quase estética. Disparavam em todas as direções, conta ele, mas os tiros «não apanhavam a cadência» e, por isso, «sentia-se a falta [....] de metrónomos nas ruelas» ([30]). Temos alguma dificuldade em reconhecer nesta descrição os dias que decidirão o destino da Rússia durante todo esse século. Em dezembro de 1917, numa carta dirigida a uma amiga, continua a mostrar-se pouco preocupado com os combates que se desenrolam à sua volta. «Dir-vos-ei de forma breve e firme: assim que as coisas se acalmarem, que a vida se assemelhar à vida e nos voltarmos a tornar seres humanos (pois agora não somos seres humanos), aparecerá uma grande coisa minha, um romance.» Seria o adiamento da publicação do romance o único inconveniente da revolução de Outubro?

Na verdade, não: no final da carta, Pasternak regressa à questão anunciada pelas palavras entre parêntesis. «Diga-me, as pessoas ficaram aí mais felizes neste ano? Aqui, pelo contrário, ficaram todos mais ferozes. [...] Mais ferozes e mais desesperados.» ([31]). Com efeito, as batalhas em redor de Moscovo causam destruições, a fome começa a instalar-se na cidade e às exações cometidas por um lado respondem logo crueldades ainda maiores. Dois poemas redigidos por Pasternak em inícios de 1918 (mas não publicados em vida) fazem eco destes novos desenvolvimentos. O primeiro evoca o assassinato, por marujos bolcheviques, de dois deputados da Assembleia Constituinte que eram tratados no hospital: terá esta violência escandalosa, pergunta o poeta, o direito de se reclamar de Marx?

O segundo poema, intitulado *A Revolução Russa*, revela ainda melhor o contraste que, aos olhos de Pasternak, formam as duas revoluções, a de Fevereiro e a de Outubro. A primeira é logo saudada («Como era bom respirar por ti em março»), pois encarna uma esperança: «que esta, a mais luminosa de todas as grandes revoluções, não faça correr sangue». Tudo mudou com a chegada de Lenine, em abril de 1917, no seu vagão blindado: o dirigente bolchevique trouxe consigo a destruição impiedosa. Exigiu: «Estende carris derretendo os homens!» Sem qualquer respeito pelo seu próprio país, ordenou: «Defuma, esmaga e passa! [...] Esmaga, aqui é a pátria [...], esmaga, não temas as restrições!» ([32]) O ponto de partida do poema é outro acidente sangrento: em dezembro de 1917, os marinheiros de Cronstadt detiveram os oficiais que os comandavam e atiraram-nos vivos para as caldeiras dos seus navios.

Nesta altura da sua vida, Pasternak não sente qualquer simpatia especial pelas ideias ou pelos meios ligados ao partido bolchevique. Nos anos anteriores, sensível às transformações sofridas pela literatura e pela arte nessa época, resolvera aderir ao grupo mais inovador, os futuristas. Participa nas reuniões e nas publicações coletivas e escreve sobre os colegas poetas que admira. Respeita Khlebnikov, mas continua particularmente atraído pela figura carismática de Maiakovski, poeta, pintor e agitador em todos os géneros, de quem preza o envolvimento autêntico, sem separação entre o ser e o dizer.

«Em vez de representar papéis, ele representava a sua vida.» ([33]) Ora, os futuristas não se contentam em transformar as regras da sua arte, sonham também com a reconstrução do mundo – querem ser revolucionários em tudo.

Pasternak percebe depressa que o meio vanguardista não é realmente o seu lugar. Desde logo, percebeu que não tinha grande interesse pela vida dos grupos artísticos, que não consegue acompanhar as suas atividades, que é também incapaz de redigir prefácios programáticos. Admira Maiakovski, mas prefere vê-lo a sós a acompanhado pelo seu séquito de epígonos. Além disso, não aprova a atitude dos vanguardistas, e sobretudo dos futuristas, que consiste em valorizar a inovação como tal e em condenar a arte antiga simplesmente por ser antiga. Continua a gostar dos autores de épocas passadas, não aspira à decomposição das formas admitidas e não procura ser um revolucionário. Por último, não partilha das paixões políticas dos seus amigos futuristas. Escrevendo a um deles, descreve o seu «humor fundamental de todo esse tempo» como a «inação agressiva e persistente»; noutro texto, descreve-o como um «apolitismo irrefletido» ([34]).

De forma mais profunda, vários elementos da visão do mundo que adotou não se ajustam à conceção antropológica revelada pelos programas artísticos de vanguarda. Pasternak só mais tarde formulará estes elementos, mas estão bem presentes desde o início da sua atividade. Não imagina o ser humano como o criador livre do seu destino. Em *Salvo-Conduto*, descreve a sua vida como adquirindo forma apenas na interação com os outros – que também detêm as chaves da sua realização. «Só nos tornámos todos homens na medida em que amámos e tivemos a ocasião de amar os homens.» ([35]) O sentimento mais antigo de que se recorda é a compaixão face a um ser vulnerável (encarnado de forma exemplar, a seu ver, por uma mulher) ou ao pensamento da morte inevitável dos entes queridos. Tem a consciência de que tudo isto o distancia das poses heroicas, glorificadas na tradição russa, e o aproxima dos seres comuns e vulgares, imersos nas suas vidas quotidianas. Por conseguinte, na altura da transformação revolucionária, Pasternak sente-se disposto a romper em definitivo com os grupos de vanguarda. Num encontro com Maiakovski na primavera de 1917, sugere-lhe que abandone igualmente o movimento futurista. O seu amigo ri-se e condescende.

Na mesma altura, em 1917-1918, Pasternak redige um dos seus raros textos programáticos – destina-se sobretudo a si mesmo, como um auxiliar de memória, e só o publicará em 1922. Intitulado *Algumas Posições* (numa versão anterior, *Quintessência*), parte de uma imagem impressionante: ao contrário do que pensam os contemporâneos, a arte não se destina a existir de maneira autónoma nem como a expressão de uma sensibilidade. Deve ser pensada não como uma fonte que jorra a sua água sobre a terra, mas antes como uma esponja. A arte tem por vocação absorver o que está fora de si, depende fortemente dos órgãos de perceção; o poeta é fundamentalmente um espectador do mundo, e a sua grande ambição deve ser manter-se-lhe fiel. «A única coisa em nosso poder consiste em não deformar a voz da vida que ressoa em nós.» ([36]) Quem não conseguir encontrar e dizer a verdade do mundo não tem vocação de poeta ou de artista.

O programa contém, pois, duas exigências complementares. O seu papel principal é captar e transmitir o espírito ou o sentido do mundo em que o poeta vive. Mas, para isso, ele tem de se apresentar como um ser autêntico, produzir apenas o que sente, pois, de outro modo, seria apenas um banal conformista, criando sob a inspiração das modas ambientes de obras nado-mortas. O equilíbrio entre perceção atenta e expressão sincera não é fácil de atingir. A dificuldade decorre da dualidade da exigência: a fidelidade em questão diz respeito ao mundo e a si próprio, como se um tivesse de coincidir com o outro. Vemos que a exigência se refere não só à técnica literária ou artística, mas também ao próprio ser do criador.

Esta conceção da arte, baseada na visão daquilo que é um ser humano, leva Pasternak a distanciar-se de outras conceções estéticas. Apesar do seu respeito pelo simbolista Bieli, não partilha da sua paixão pela pura musicalidade dos versos nem pensa que os sons tenham, por si mesmos, sentido; a música verbal não é independente do significado das palavras. Não obstante a sua admiração pelo futurista Khlebnikov, sabe o que os separa: «A poesia, tal como a compreendo, desenrola-se na história e em colaboração com a vida real.» ([37]) O poeta deve preocupar-se com o mundo e não apenas com a literatura, não deve ver-se como um génio solitário, como criador omnipotente de mundos, como super-homem oposto à plebe medíocre, mas sim estar em continuidade com os não poetas e até com os filistinos. Num pequeno texto, *Cartas de Tula*, redigido em abril de 1918, Pasternak estabelece uma oposição clara. De um lado, os vanguardistas, que «se julgam génios, recitam, atiram frases uns aos outros», fazem gestos teatrais, deploram a esterilidade dos outros, queixam-se do espírito pequeno-burguês; do outro, os escritores que, a exemplo de Tolstoi, não se esquecem de submeter os seus atos ao exame da sua consciência ([38]). Estes não podem separar exigências éticas e estéticas. Pasternak resolve então abandonar a poesia e lançar-se num romance «à Balzac». Publicará apenas uma primeira secção deste romance, *A Infância de Luvers*.

A conceção do mundo que Pasternak adota permite compreender a sua relação com a revolução política por que passou. Integra diversos elementos. Em primeiro lugar, não há dúvida de que a revolução aconteceu, e o seu advento representa a realidade do país em que Pasternak habita. Enquanto poeta e artista, não se coloca a questão de saber se ele a aceita ou não aceita; o seu dever é pôr-se à escuta do mundo e da vida; ora, no país onde vive, ambos saíram da revolução. Além disso, esta é o efeito de um sobressalto moral: indivíduos indignados pela opressão em que vivem, decidem, com os seus próximos, revoltar-se e derrubar a ordem reinante para construir um mundo mais justo. Este ímpeto, que pode assumir diferentes formas, uma em Tolstoi, outra em Lenine, já não é contestável; revela a melhor parte do homem, quando este decide pôr em questão as regras herdadas do passado, abandonar as normas que julgava imutáveis. Ao mesmo tempo, Pasternak não pode esquecer a sua experiência concreta dos combates em 1917-1918 – mas não sabe integrá-la na imagem global que formou da revolução.

Tsvetaieva, mais os indivíduos que as ideias

Marina Tsvetaieva nasce em 1892 num meio semelhante ao de Pasternak: o pai é diretor de museu, a mãe, pianista de talento que, depois da maternidade, renuncia ao seu instrumento. Os pais morrem antes da revolução e ela escreve e publica poemas desde os 20 anos de idade. Tal como muitos outros filhos da *intelligentsia* desta época, Tsvetaieva não se opõe por princípio à ideia de revolução. A de 1905, reprimida de forma sangrenta, despertara-lhe o entusiasmo adolescente, ao ponto de escrever de forma muito séria ao seu amado: «É a eventualidade de uma revolução que me afasta do suicídio.» Na mesma carta, usa tons nietzschianos para declarar o seu fascínio pela guerra, momento de intensidade máxima: «Se houvesse uma guerra? Como a vida se tornaria palpitante, cintilante! Poderíamos então viver, poderíamos então morrer!» ([39]) Aquilo que atrai Tsvetaieva para a ideia de revolução é a libertação dos elementos, a rejeição da ordem existente, a audácia do não conformismo. Mas esta ilusão juvenil não durará muito, pois o mundo real recupera os seus direitos. Além disso, a libertação dos elementos deve assumir uma forma que enquadre a força primitiva – sem, porém, a eliminar (nisto, Tsvetaieva coincide com o último Blok). Em 1919, ela escreve: «As minhas duas coisas preferidas acima de tudo: o canto – e a fórmula. (Ou seja [a nota acrescentada é de 1921]: os elementos – e a vitória sobre eles!)» ([40]) Por outras palavras, a corrente apolínea deve dominar a corrente dionisíaca...

Não encontramos qualquer vestígio da revolução de Fevereiro nos seus cadernos ou na sua correspondência, na época em que a sua atenção está virada em exclusivo para a sua vida interior. Depois de dar à luz uma segunda filha, escreve à cunhada: «Muitos projetos de todos os tipos – puramente interiores (versos, cartas, prosa) – e indiferença total em relação à questão de saber onde e como viver.» Ou, na mesma época, no seu caderno: «Indiferença mais que absoluta em relação a qualquer tragédia não amorosa (a tragédia de Abraão de Lucifer, de Antígona...).» Alguns meses depois, acrescenta: «Que faço eu neste mundo? Escuto a minha alma.» ([41])

A revolução de Outubro não lhe dá esse lazer. Em primeiro lugar, porque divide o país ao meio («Vermelhos» e «Brancos»), separando assim as famílias ou os amigos; em segundo, porque esgota brutalmente a fonte dos seus meios de subsistência (os bens são confiscados, os bancos fecham as portas). Na altura do golpe de Estado, Tsvetaieva encontra-se na Crimeia (território «branco»), enquanto o marido e as filhas estão em Moscovo («vermelho»); ela corre de regresso à família. No comboio, escreve no seu caderno uma carta ao marido, na qual promete: «Se Deus realizar este milagre – deixar-vos vivos –, seguir-vos-ei como um cão.» ([42]) Reúne-se ao resto da família e volta a partir apenas com o marido para o Sul; pouco depois, regressa a Moscovo para junto das filhas, enquanto o marido se alista no exército dos Voluntários («Brancos»). Para ela, começa então a vida difícil de uma mãe de duas crianças pequenas, que vive sozinha, sem meios de subsistência, tentando escapar ao frio, à fome e às doenças que assolam Moscovo.

De Outubro de 1917 até inícios de 1920, durante mais de dois anos, portanto, Tsvetaieva mantém um diário íntimo, no qual anota as suas impressões e as reflexões que estas lhe sugerem. Três anos depois, a partir de inícios de 1923 (logo depois de emigrar), decide organizar essas notas para fazer um livro; publica vários excertos em revistas da emigração, mas o livro completo só será publicado muito tempo depois da sua morte. Dera-lhe o título *Indícios Terrestres*, e é um dos textos mais evocadores saídos deste período tumultuoso. Tsvetaieva transcreve aí conversas, observações e reflexões formadas na altura, não enquadradas por qualquer programa político consciente. O marido alistou-se no lado dos Brancos, mas os sentimentos dela são mais complexos. Desde logo porque encontra consequências positivas nas piores facetas dos bolcheviques. Uma nota no seu caderno, datada de 24 de julho de 1919, intitula-se: «Justificação do Mal», sendo o «mal» o bolchevismo. Tsvetaieva enumera estas justificações: «3) Confirmação definitiva de que o céu vale mais que o pão [...]. 5) Anulação das fronteiras de classe, não pela violência das ideias, mas pela aflição geral de Moscovo em 1919.» Alguns anos depois, resume: «O comunismo, ao expulsar a vida para o interior, deu uma saída para a alma.» ([43])

No entanto, sobretudo desde esta época até ao fim da vida, Tsvetaieva recusa dividir os indivíduos em categorias como «vermelho» ou «branco», ou as de um grupo humano como os Russos ou os Alemães (no início, a Rússia está em guerra contra a Alemanha), ou judeus ou cristãos. Na mesma «Justificação do Mal», escreve: «4) Confirmação definitiva de que não são as convicções políticas – em caso algum as convicções políticas! – que reúnem e separam as pessoas (*eu* tenho amigos maravilhosos, comunistas).» Alguns dias depois, acrescenta no seu caderno: «Todo o meu credo político se baseia numa única palavra: insurreta.» Em *Indícios Terrestres*, abundam as notas que ilustram este princípio. Sem nunca esconder as suas simpatias pela Guarda Branca, Tsvetaieva esforça-se por evitar os juízos sistemáticos e maniqueístas («cada mentira emite pelo menos um raio em direção à verdade»); e, sobretudo, por não confundir as ideias com os indivíduos. «Não são os comunistas que odeio, mas o comunismo» (inverte aqui a fórmula muitas vezes ouvida segundo a qual «O comunismo é maravilhoso, os comunistas são terríveis!»). Diz o mesmo nas cartas contemporâneas dirigidas a amigos: no seu livro, afirma ela, encontramos, «apesar do indubitável espírito branco, uma admiração total por alguns comunistas vivos irrepreensíveis», «encontramos comunistas encantadores e Brancos irrepreensíveis». ([44])

Tsvetaieva eleva-se acima do conflito dos Vermelhos e dos Brancos e não favorece nenhum dos dois exércitos de combatentes. Desta vez, trata-se aqui de um ponto de vista suprapolítico ou, talvez, simplesmente humano. Considera que existe fanatismo e cegueira nos dois lados, bem como violência e sofrimento; nesta luta renhida pelo poder, Tsvetaieva não se reconhece em nenhum dos campos. Toda a imensa energia despendida para fins tão fúteis parece-lhe vã; e está disposta a chorar as vítimas de uns e outros, sejam quais forem as suas cores. Um poema de dezembro de 1920 manifesta esta segunda atitude em relação ao conflito em curso.

À esquerda e à direita
Sulcos ensanguentados
E cada ferida:
Mamã!

E eu, inebriada,
Só ouço isto,
Entranhas – nas entranhas:
Mamã!

Todos deitados lado a lado –
Não saberíamos separá-los.
Olha: um soldado.
Onde está o nosso, onde está o deles?

Era branco – é vermelho:
O sangue corou-o.
Era vermelho – é branco:
A morte empalideceu-o. ([45])

Tsvetaieva pensa o mesmo em relação às etnias. No rescaldo da revolução, os judeus são frequentemente assimilados aos Vermelhos, o que provoca, noutros grupos da população, novas vagas de antissemitismo. Em *Indícios Terrestres*, Tsvetaieva narra as suas viagens na Rússia profunda em busca de comida. Aos seus interlocutores, não deixa de lembrar os contraexemplos: também há judeus inimigos dos bolcheviques! «Existem todos os tipos de judeus, tal como existem todos os tipos de Russos.» A germanofobia também sai reforçada dos anos de guerra; Tsvetaieva termina os seus excertos do diário íntimo com um capítulo intitulado «Sobre a Alemanha», que é um hino de amor às tradições deste país. E conclui: «Que a abominação seja alemã ou russa – não as distingo.» ([46])

Certamente que não foi por acaso que Tsvetaieva não conseguiu publicar a obra retirada dos seus diários íntimos. Não havia hipótese de ser publicado na Rússia soviética; mas a situação não era mais fácil na emigração russa. Algumas editoras publicariam de bom grado uma narrativa que denunciava as torpezas dos bolcheviques; mas não o que Tsvetaieva escreve. O seu livro não formula juízos políticos, não analisa nem julga as forças coletivas existentes, mas descreve as experiências de indivíduos – de um ponto de vista simplesmente humano (o ser humano não se reduz às ideias que professa), não defende uma tese, mas tenta compreender uma verdade.

No rescaldo da revolução, nem Vermelhos nem Brancos querem ouvir esta posição: só conhecem o amigo e o inimigo, não pode existir um ponto de vista que englobe os dois.

CAPÍTULO 2

Escolher o seu caminho

Nos primeiros anos que se seguem à revolução, os bolcheviques têm outras prioridades para além do enquadramento dos artistas e tomam algumas medidas administrativas: restabelecimento da censura e expulsões. Além disso, parece que aquelas questões não interessam a Lenine. No entanto, em 1922, a situação mudou: a guerra civil terminou e Lenine está doente. É então que um alto dirigente bolchevique, Trotsky, aborda a questão do lugar da arte na nova sociedade. *Literatura e Revolução*, redigido em 1922-1923 e publicado em 1924, torna-se uma obra influente até ao banimento do seu autor em 1929.

As teses desenvolvidas por Trotsky assentam numa visão marxista ortodoxa. As ideias e as obras são um produto mecânico das realidades políticas e económicas, «o espírito mais não faz do que coxear atrás do real», «a cultura vive da seiva da economia». A literatura antiga, pré-revolucionária, era a expressão das classes dominantes, a nobreza e a burguesia; tendo estas sido derrubadas, deve aparecer uma nova literatura, trazida pelo proletariado. «A arte, direta ou indiretamente, reflete a vida dos homens que fazem ou vivem os acontecimentos.» A arte nova será criada apenas por «aqueles que aderem à sua época». Não se pode recusar a revolução. «Quem se mantiver fora da perspetiva de Outubro será completa e desesperadamente reduzido a nada.» No entanto, uma vez estabelecido este quadro, o papel do partido acaba, pois não tem necessidade de se imiscuir no trabalho concreto dos artistas. Depois de se saber se são a favor ou contra a revolução, deve ser-lhes «atribuída uma liberdade total de autodeterminação no domínio da arte». Estas questões devem ser deixadas para os artistas. «O desenvolvimento real da arte e a luta por formas novas não fazem parte das preocupações do partido.» ([47])

Uma vez que as autoridades não vão regulamentar cada ato da conduta dos artistas, é preciso tomar medidas para que estes sejam bem intencionados em relação ao poder soviético. Em junho de 1922, Trotsky dirige uma nota aos seus colegas do *Bureau* Político sobre a atitude a adotar relativamente aos escritores: não há dúvida de que é necessário manter uma censura impiedosa; devemos também pensar em guiar os seus passos na direção certa, mas, para isso, é melhor utilizar a cenoura que o pau; neste sentido, devemos reservar quantias de dinheiro para lhes ser distribuído em certas ocasiões. Dois dias depois, Estaline apressa-se a dirigir também uma nota à mesma instância dirigente do partido: talvez pela última vez na vida, exprime o seu acordo com aquele que, pouco depois, se tornará o seu inimigo mortal. «A questão levantada pelo camarada Trotsky, conquistar os jovens poetas por meio de um apoio material e moral, é oportuna.» ([48]) Estaline acrescenta uma sugestão prática: é desejável colocar à cabeça da organização dos escritores uma personalidade fiel, mas sem partido, pois isto dará aos artistas a aparência da liberdade (por questão de aparências, Estaline porta-se como um artista). Alguns anos depois, num discurso dirigido aos artistas, cientistas e escritores em 1925, o teórico do comunismo Nikolai Bukharine pode declarar, triunfante: «Vamos manufaturar os intelectuais como produtos fabricados em cadeia nas fábricas.» ([49])

Enquanto esperam por esse dia feliz, os escritores (e muitos outros artistas que lhes seguem as pisadas) repartem-se em diversos grupos e subgrupos, identificados como tais e tolerados pelos responsáveis do partido, mas que lutam duramente uns contra os outros. Em retrospetiva, distinguem-se três grandes grupos. Dois deles rivalizam para conquistar o lugar dominante: os construtivistas, vindos do grupo futurista anterior à revolução, cuja figura emblemática é Maiakovski e que se reúnem em torno da revista *LEF* (acrónimo de «Frente Esquerda da Arte»); e os «proletários», um grupo nascido após a revolução, do qual muitos membros provêm do meio operário ou camponês e cujas obras repetem muitas vezes as palavras de ordem do partido. Ambos os grupos dizem apoiar a doutrina comunista, o poder soviético e a revolução de Outubro; mas os primeiros apelam a uma revolução paralela, embora subordinada, na prática das artes, e são os herdeiros dos vanguardistas dos anos anteriores a 1917. Para além de Maiakovski, correspondem a esta descrição artistas como Meyerhold, Rodchenko, Babel, Eisenstein e Chostakovitch. Os segundos não têm interesse em procurar uma forma nova para as ideias novas, e julgam até que os pretensiosismos dos construtivistas tornam as suas obras incompreensíveis para o povo.

Os dirigentes bolcheviques, como Trotsky ou Lunacharski, designam os membros do terceiro grande grupo com a expressão condescendente de «companheiros de luta»: indivíduos sem partido, não proletários, que aceitam o poder comunista, mas que não procuram servi-lo, como, por exemplo, Zamiatine, Essenine, Pilniak, Pasternak e Bulgakov. Nas polémicas que se seguem, servem geralmente de contraste, de bode expiatório dos dois grupos anteriores. Eles próprios se consideram moderados e não veem como obrigatórias nem as formas vanguardistas nem as profissões de fé comunistas.

Fora destes grandes grupos existem alguns indivíduos isolados, como o poeta futurista Velimir Khlebnikov (mas que morre em 1922) ou o pintor suprematista Malevich, que reivindicam a autonomia total da arte, ou alguns «emigrados do interior», cuja obra não contém quase nenhuma referência ao novo regime, como os poetas Osip Mandelstam e Anna Akhmatova.

A tomada total do poder por Estaline, em detrimento dos seus rivais bolcheviques, em 1929, anuncia o princípio do fim deste período de querelas e de concorrência entre tendências divergentes. Em 1932, uma decisão do *Bureau* Político anuncia a dissolução de todos os grupos de escritores e a sua reunião futura no quadro exclusivo de uma União dos Escritores Soviéticos. Entretanto, os «proletários» haviam-se imposto (o suicídio de Maiakovski, em 1930, esteve ligado a isto); esta dissolução é assim vista com certo alívio pelos membros dos outros grupos antigos.

Ainda em 1932, numa reunião privada com um grupo de escritores, Estaline oferece-lhes uma definição com um sentido pesado: os escritores estão destinados a ser «os engenheiros das almas humanas». Desde logo, isto significa que já não têm escolha: as suas obras dever servir a educação da população do país. Além disso, é uma responsabilidade esmagadora, pois podem ser responsabilizados em caso de fracasso. As possibilidades de escolha no interior do seu trabalho profissional também sofrem as mesmas restrições. É igualmente significativo que Estaline escolha a imagem do engenheiro (em vez da imagem tradicional do pastor ou do jardineiro), que implica que a formação da alma humana é perfeitamente conhecida pela ciência e que é admissível fabricar o *homo sovieticus* à vontade. Por outro lado, é claro que, ao oferecer esta fórmula aos escritores, Estaline tenta lisonjeá-los: na verdade, os únicos engenheiros são ele próprio e os seus camaradas dirigentes do partido; os escritores são consignados, no melhor dos casos, ao papel de simples técnicos propagandistas.

É no primeiro congresso dos escritores, em 1934, que se cria a fórmula do «realismo socialista», que deve definir a via imposta à arte soviética. Poder-se-ia dizer que as duas palavras que a compõem nem sempre estão de acordo, pois «realismo» parece referir-se à relação entre as representações e a realidade, e, por isso, pertence à categoria da verdade; por outro lado, «socialista» designa um ideal e, por conseguinte, qualifica a capacidade da obra de promover o bem. E se a verdade e o bem, o ser e o dever ser não se combinassem de forma harmoniosa? E se ser realista não levasse a defender o socialismo? Por seu lado, Estaline, que gosta de discutir estas questões com os escritores, não concebe tal separação. «Se um escritor refletir honestamente a verdade da sua vida, chegará inevitavelmente ao marxismo» ([50]), declara o dirigente.

A explicação desta solidariedade indefetível é dada pelo ideólogo do partido, Andrei Jdanov, no seu discurso ao congresso. O socialismo representa o futuro soviético, mas este futuro está contido em germe no presente. Os escritores que relatam com realismo aquilo que veem devem incluir nisso o futuro socialista. «A literatura soviética deve saber mostrar os nossos heróis, saber projetar-se no nosso futuro. Este não será uma utopia, pois o futuro está desde hoje preparado por um trabalho consciente e planificado.» ([51]) Mas estará este futuro garantido ao ponto de podermos descrevê-lo como presente? Sim, pois o desenrolar do tempo não conhece acasos: obedece às leis da história, mas também à vontade do partido (aos planos); por isso, é perfeitamente previsível.

Pilniak, resistente periclitante

O Estado totalitário, fruto da revolução, não deixa espaço para uma resistência. As tentativas feitas neste sentido não têm futuro.

Cinco dias após a sua detenção em 28 de Outubro de 1937 e o seu encarceramento nas celas do NKVD, na Lubianca, Boris Pilniak pede para escrever uma carta ao comissário do povo para o Interior, Iejov. Começa assim: «A minha vida e as minhas ações mostram que, durante todos estes anos, fui um contrarrevolucionário, um inimigo do regime e do governo.» Habitualmente, o conteúdo destes documentos redigidos na prisão é previamente estabelecido pela acusação e admitido pelo acusado depois de ter sido torturado. O caso de Pilniak é um pouco diferente: à exceção de alguns termos, visivelmente acrescentados aqui e ali, a sua carta-confissão parece conter uma boa parte de verdade. Pilniak descreve as suas opiniões de forma muito verosímil: pensava e dizia que «a situação do país era muito tensa, que a opressão estatal do indivíduo e do processo de criação engendrava uma atmosfera de desunião e solidão, destruindo a própria ideia de socialismo». Um mês depois, durante o seu interrogatório, entra em pormenores. «Envolvi-me na luta contra o poder soviético desde os primeiros anos da revolução.» ([52]) Muito do que ele conta é verdadeiro, mas incompleto.

Pilniak nasceu em 1894; começa a escrever e a publicar durante a guerra de 1914-1918. O seu primeiro grande sucesso é o livro *O Ano Nu*, publicado em 1922, logo depois traduzido em várias línguas. Tornou-se de imediato um dos escritores soviéticos mais populares. O livro apresenta-se como a crónica de vida de uma povoação da província profunda, na altura da guerra civil. Personagens coloridas, vindas de todos os meios, mas todas enraizadas nas tradições russas, são descritas numa linguagem saborosa, recheada de termos novos ou, pelo contrário, muito antigos. Formulam posições políticas diferentes, que o autor apresenta sem as assumir. Um deles descreve os efeitos da guerra civil. «O pão desapareceu, a luz apagou-se, a água esgotou-se, o combustível faltou, os cães e os gatos desapareceram (e os ratos multiplicaram-se...). Nas tabernas, onde já não havia colheres, velhos e velhas de chapéu apanhavam com os dedos, descarnados e ávidos, os restos nos pratos.»

A fome e as privações mais não fazem do que despertar o puro instinto de sobrevivência. «Ideias, generosidade, vergonha, estoicismo – tudo para o diabo! Bestas, só bestas!» O caos atinge o auge no comboio, que avança lentamente ao longo da estepe (por vezes, parece que estamos a ler uma descrição dos campos nazis, 25 anos depois). Os bolcheviques, por seu lado, são «homens em vestes de cabedal», «vestes de cabedal e sem sensibilidade» ([53]), não param diante dos obstáculos, avançam sempre que necessário, sem hesitar. Parece que entramos num mundo caótico, absurdo, uma impressão reforçada pela composição quebrada da narrativa, numa montagem de fragmentos heteróclitos. O êxito do romance atrai a atenção do GPU sobre o autor e os seus outros escritos, descritos nos relatórios secretos como passíveis de suscitar sentimentos contrarrevolucionários. Pilniak passa a ser vigiado, tanto mais que atraiu alguns cumprimentos de Trotsky, que, nesta época, se tornara comprometedor.

O episódio seguinte situa-se em 1926. No ano anterior, Pilniak ouvira um rumor: a operação a uma úlcera no estômago de Mikhail Frunze, comissário para a Guerra, que lhe provocou a morte, foi-lhe imposta pelo partido – ou seja, foi morto por ordem de Estaline. Pilniak aproveita esta matéria inflamável e faz dela o tema do seu livro *O Conto da Lua Não Apagada*. Inventa peripécias, altera os nomes dos protagonistas, atribui-lhes sentimentos e reflexões, mas, para os contemporâneos, era claro que se tratava da morte de Frunze. É verdade que a narrativa de Pilniak apresenta esta decisão e a sua execução como legítimas, assumidas tanto pela vítima como pelo «número um» (que só pode ser Estaline): é a ilustração do espírito bolchevique de submissão face a exigências superiores. Pilniak surge aqui como o precursor de Arthur Koestler, que, em *O Zero e o Infinito*, procurava compreender a lógica das confissões admitidas pelos velhos bolcheviques nos processos de Moscovo – mas Pilniak coloca-se no lado dos carrascos. No entanto, é a primeira vez que um rumor se transforma em texto escrito, que qualquer pessoa podia ler e interpretar (Pilniak, no último momento, acrescentou uma nota a explicar que, apesar das semelhanças, a sua narrativa não se refere à morte de Frunze: negação transparente). O texto é publicado na revista *Novy Mir*, que, por decisão do *Bureau* Político, será logo apreendida e destruída. Este ato acompanha-se de reprimendas dirigidas aos vários responsáveis da publicação.

No início, Pilniak finge-se surpreendido e volta a negar a semelhança, assegurando que o seu próprio destino «está ligado à nossa sociedade revolucionária» e que pensa «realizar o trabalho necessário à revolução». ([54]) Os dirigentes do partido acham esta reação insuficiente e, sobre a resolução, Estaline escreve: «Pilniak mente e engana-nos.» Face a esta crítica, o escritor reconsidera e envia uma segunda e, depois, uma terceira carta de arrependimento, nas quais assume plenamente o seu delito e condena incondicionalmente o livro. Desta vez, os seus arrependimentos são aceites e até recompensados de forma estranhamente rápida: levantam a interdição de publicar Pilniak nas revistas soviéticas, sejam elas quais forem, e deixam-no viajar livremente para o Ocidente. Esta clemência é pouco comum. Pilniak também tem acesso aos seus rendimentos no estrangeiro, o que lhe permite levar uma vida folgada.

Em 1929, ocorre um novo incidente. Em vez de apresentar a sua nova obra à censura, publica-a numa editora russa emigrada: é *A Árvore Vermelha*. O livro apresenta-se também como uma espécie de crónica da vida provincial, de composição aparentemente caótica, mas na verdade sabiamente organizada, com personagens singulares e truculentas. O autor nem sempre toma partido por uma delas; nenhuma se reclama da doutrina bolchevique. Um fanático religioso, iluminado, sonha com o comunismo ideal: «Reunira à sua volta homens como ele, igualmente rejeitados pela revolução, mas por esta forjados. Haviam criado um subterrâneo e viviam um comunismo autêntico, a fraternidade, a igualdade e a amizade.» Cláudia, jovem mulher, professa uma espécie de hedonismo: «Faço o que quero e não tenho obrigações para com ninguém. [...] Só compreendo o que me diz respeito. O resto não me interessa.» ([55]) A coletivização do campo é apresentada de forma satírica, os camponeses que trabalham bem são tratados pelo poder como *kulaks* e inimigos da pátria.

A imprensa oficial abate-se de novo sobre Pilniak, agora culpado de um crime duplo: denigre a realidade soviética e, além disso, transgride uma nova regra, que interdita a publicação de um texto inédito no estrangeiro. Ao caso de Pilniak é anexado o de Ievgueni Zamiatine, culpado da mesma transgressão (ao qual regressaremos mais à frente). Pilniak reage como antes: começa por se fingir inocente («A minha vida e o meu trabalho estão ligados à nossa revolução, não vejo o meu destino fora da revolução») ([56]), depois admite todos os seus pecados, assegura o controlo da sua fé soviética e pede um castigo mais severo para os inimigos do Estado (é a época dos primeiros processos de Moscovo). Ainda em 1929, frequenta um trotskista conhecido, Victor Serge, e conhece o escritor romeno de expressão francesa Panait Istrati, de visita à URSS, a quem «abre os olhos». De regresso a França, Istrati publica um relato devastador das suas impressões na pátria do socialismo. Em seguida, Pilniak pede outra autorização para viajar ao estrangeiro, para melhor servir a pátria, diz ele, que lhe volta a ser concedida. Viaja para os Estados Unidos, de onde regressa com uma obra resolutamente antiamericana e pró-soviética. Publica também um romance russo, *O Volga Desemboca no Cáspio* (em 1930), eliminando as passagens inconvenientes e conformando-se a todas as exigências da censura.

Alguns textos de Pilniak parecem, pois, tentativas de resistência, mas o único efeito destes é fixar no autor as graçolas dos críticos soviéticos mais dogmáticos. Parece que já ninguém tem grande confiança nele: as suas declarações de fidelidade ao regime seguem demasiado perto as suas transgressões (e inversamente) para que os leitores ou os censores acreditem na sua sinceridade. Ao mesmo tempo, continua a gozar de privilégios importantes e raros. Questionou-se se, por detrás desta incoerência, não haveria um jogo premeditado pelos Órgãos: fazendo de Pilniak um mártir da sua própria sociedade, transformavam-no em santo aos olhos dos inimigos da URSS no estrangeiro. Tornava-se assim, em simultâneo, uma fonte preciosa de informação sobre esses inimigos. Esta hipótese é, por agora, inverificável, mas permitiria dar sentido a um percurso sinuoso – contudo, o seu fim é trágico.

Mandelstam, um opúsculo anónimo

No seu livro *A Palavra Ressuscitada*, onde torna público o dossiê de Mandelstam nos serviços da polícia secreta, Vitali Chentalinski escreve esta fórmula superlativa sobre o poema que provocou a sua detenção: «Estes versos acusadores contra o "chefe heroico" eram muito mais que um poema: um ato desesperado de audácia e de coragem civil sem comparação na história da literatura.» ([57]) Considerando que a frase é justa, podemos ficar com uma ideia da debilidade da resistência civil nesses anos na Rússia soviética.

Mas terá havido realmente um ato de audácia e coragem no gesto de Mandelstam, que, em novembro de 1933, compõe um poema satírico sobre Estaline e, nos meses que se seguem e até à sua detenção em maio de 1934, o recita a vários amigos e conhecidos? Nem antes nem depois deste momento o poeta se comporta como opositor ao poder, e não participa em nenhum projeto político. «Representar Mandelstam como conspirador era totalmente impossível: era um homem franco, incapaz de enganar», escreve nas suas memórias a sua viúva Nadejda Mandelstam. O seu ato não incomoda de maneira nenhuma o tirano descrito nem o regime que este dirige: o poema não é difundido para além do pequeno círculo de Mandelstam (ninguém quer arriscar a vida por questão tão pouco importante). A única consequência – perfeitamente previsível – deste ato é a punição que se deverá abater sobre quem o realiza. Os amigos de Mandelstam repetem-lhe isso, esperando que não leia o poema a ninguém; ele próprio pensa que, se o poema for intercetado, arrisca a pena de morte. «Todos tínhamos a certeza», prossegue Nadejda, «de que esses versos lhe custariam a vida» ([58]). A palavra «suicídio» vem facilmente ao espírito quando nos interrogamos sobre as razões que levam o poeta a agir dessa maneira. Uma amiga próxima diz-lhe: «Porquê? Estás a atar a corda à volta do pescoço.» É verdade que a ideia da sua própria morte não lhe é estranha. «Em fevereiro de 1934, Mandelstam confidencia a Anna Akhmatova: "Estou preparado para morrer."» ([59])

A composição e a difusão do poema talvez fossem atos sem propósito (político), mas não sem razão. A resposta de Mandelstam à pergunta que os amigos lhe fazem é: «Não posso calar-me», «Não posso fazer outra coisa» ([60]). Mandelstam sente o dever moral de assumir o seu papel de poeta, que, para ele, inclui a revelação da verdade. Ato mais moral que político, que lembra a intransigência dos mártires cristãos do tempo do Império Romano, que sabem que a confissão da sua fé lhes custará a vida, mas não podem deixar de a proclamar alto e bom som. «A poesia é o poder», diz ele a Akhmatova noutra ocasião, e deve manter-se digno da missão de que se sente encarregado. Num texto mais antigo, via a morte do artista como o último ato da sua criação. «Penso que não se deve excluir a morte do artista da cadeia das suas *performances* criadoras, mas vê-la como o elo derradeiro e conclusivo.» ([61]) Uma força quase mística dita-lhe estes versos e obriga-o a recitá-los:

Um bando de chefes de pescoço esguio gira em seu redor,
E dos serviços dessas sombras de humanos, zomba,
Um assobia, outro mia, outro ainda geme,
Só ele nomeia e castiga.

Alguns meses depois, em agosto de 1934, reúne-se o primeiro congresso dos escritores soviéticos. Um grupo de autores (anónimos) resolve aproveitar a ocasião para denunciar junto dos convidados estrangeiros do congresso as condições de vida e de trabalho dos seus colegas soviéticos. Enviam também o seu opúsculo a alguns delegados russos ao congresso, que se apressam a transmiti-lo aos Órgãos. Estes guardam o opúsculo numa pasta e tentam identificar as suas fontes (ignoro se tiveram êxito). Dispomos atualmente do texto deste apelo, que provavelmente não será o único do género. O opúsculo interpela os escritores estrangeiros, avisando-os das enormes mentiras que lhes serão servidas à chegada.

> Devem saber que desde há dezassete anos que o nosso país se encontra num estado que exclui absolutamente qualquer possibilidade de livre expressão. Nós, os escritores russos, somos como prostitutas de um bordel, a única diferença é que elas vendem o corpo, enquanto nós vendemos a alma; para elas, não existe nenhuma saída para lá da morte à fome, para nós também não... Pior, as nossas famílias e os nossos próximos são também considerados culpados pela nossa conduta. [...] Nos vossos países, organizam comissões para socorrer as vítimas do fascismo, organizam congressos contra a guerra, montam bibliotecas para os livros queimados por Hitler – tudo isso é bom. Mas por que não vemos a vossa atividade para salvar as vítimas do nosso fascismo

> soviético, promovido por Estaline, essas vítimas realmente inocentes, que indignam e ferem os sentimentos da humanidade contemporânea, muito, mas muito mais numerosas que as vítimas de todo o globo terrestre, desde o fim da guerra mundial? ([62])

Este ato de resistência política não provoca, na altura, mais efeitos que o poema de Mandelstam, que também assimila Estaline ao fascismo. «Quando Pasternak lhe perguntou o que o tinha levado a compor esse poema, Mandelstam explicou que não havia nada que detestasse mais do que o fascismo, sob todas as suas formas.» ([63])

Zamiatine, a primeira distopia

A tentativa talvez mais coerente de um artista criador para resistir às consequências da revolução de Outubro, e permanecendo na Rússia, é a do escritor Ievgueni Zamiatine (nascido em 1884). Na altura da revolução de 1905, as suas simpatias de esquerda levam-no a aderir ao partido bolchevique. Será encarcerado em 1908 e, depois, exilado em 1911. Ao mesmo tempo, prossegue estudos científicos (de engenharia) e começa também a escrever textos literários, que publica a partir de 1913. Durante a guerra, abandona o partido bolchevique e deixa de se envolver na política; o governo envia-o para trabalhar num estaleiro naval em Inglaterra, país aliado, para supervisionar a construção de navios destinados à Rússia. Mais tarde, dirá que teve sempre duas esposas, a literatura e a técnica. Ao saber da abdicação do czar, regressa a Petrogrado em setembro de 1917.

Tendo observado as transformações realizadas pela revolução de Fevereiro, a sua reação a Outubro assemelha-se à de Gorki, com quem colabora. Publica pequenos artigos num jornal dos socialistas revolucionários de esquerda, nos quais fustiga as medidas impostas pelos bolcheviques, que lhe parecem um regresso às práticas da polícia czarista: a vigilância e a perseguição voltam a ser reforçadas, a pena de morte é restabelecida, a Constituição e as liberdades são suspensas, os resultados do sufrágio universal são ignorados. As palavras de ordem proclamadas servem para esconder as ações que as contradizem. «O governo dos comissários do povo está disposto, em nome dos operários e dos camponeses russos, a sacrificar tudo, incluindo esses mesmos operários e camponeses russos.» A violência estende-se, os «massacres de operários pelas tropas soviéticas, as detenções de operários pela polícia soviética, o encerramento de jornais pela censura soviética»: como é que Blok pode ver nisto uma «beleza que parte dentes», imaginar que isto é um «adestramento do escravo rebelde»? ([64]) Aos artistas, a revolução exige a submissão, uma «arte de serviço encomendado».

Zamiatine não é contra a revolução em si mesma – mas pensa que Outubro, em vez de prosseguir, trava a revolução. Os bolcheviques são contrarrevolucionários. «A realização, a queda terrestre, a vitória concreta da ideia marcam logo o seu aburguesamento. [...] A "revolução vitoriosa de outubro" [...], uma vez vitoriosa, não foge à regra: aburguesa-se.» O termo pelo qual decide designar a sua própria atitude é o de *heresia*. «Só os heréticos fazem viver o mundo [...]. O nosso símbolo de fé é a heresia.» Esta exigência é particularmente imperativa para os escritores. «Uma verdadeira literatura só pode existir quando é fabricada, não por funcionários conscienciosos e dignos de confiança, mas pelos loucos, os anacoretas, os heréticos, os sonhadores, os revoltados, os céticos.» ([65]) Neste texto, a ideologia comunista é assimilada a uma religião («um novo catolicismo»). Por estas afirmações, e algumas outras do mesmo género, Zamiatine é detido em 1919, mas rapidamente libertado: o seu passado bolchevique ainda conta. No seu depoimento diante da Tcheka, declara-se sem partido, interessado agora na literatura e não na política.

No entanto, longe de tentar adaptar-se à nova situação em que o poder dos bolcheviques parece destinado a durar (como faz Gorki), em 1920, Zamiatine começa a escrever um romance de ficção científica, intitulado *Nós*, primeira distopia, ou utopia negativa, suscitada pelo aparecimento do Estado totalitário (que Zamiatine designa no seu livro como «o Estado único»). O seu manuscrito circula, lê-o em público, mas a censura interdita a impressão. Este gesto indica por si mesmo que os censores reconhecem as características da sua própria sociedade no universo imaginário descrito por Zamiatine (tornam-se suspeitos!). Este reconhecimento imediato é tanto mais surpreendente já que o leitor de hoje, se familiarizado com o mundo soviético na época do seu maior desenvolvimento, entre 1929 e 1953, vê mais semelhanças com este período do que com os anos 1920.

Situado num futuro longínquo, o romance narra a história de um engenheiro que constrói uma nave espacial destinada à conquista de outros planetas; é também o autor da narrativa que lemos. Adere plenamente às leis da sociedade de que faz parte, mas, certo dia, cede aos encantos de uma mulher que se revela uma rebelde e que prepara uma revolta geral. Após diversas peripécias, o engenheiro trai a amante e confessa os seus erros; a mulher é torturada e executada. Esta sociedade futura caracteriza-se, sobretudo, pelo lugar central atribuído ao «nós», em detrimento do «eu» que dominava o «mundo antigo»; por isso, o amor por uma pessoa particular já não existe e foi substituído por uma *Lex Sexualis* que postula: «Qualquer número [as pessoas já não têm nome] tem o direito de utilizar qualquer outro número para fins sexuais.» ([66])

O Estado é dirigido por um homem chamado o Benfeitor, ideólogo e guia, a quem é dedicado um culto digno de Deus, exercido principalmente pelos poetas oficiais; os que ousarem vilipendiá-lo são punidos com a morte. Em certos aspetos, esta personagem faz lembrar o Grande Inquisidor de Dostoievski e, noutros, Lenine. É ajudado no seu trabalho pelo corpo dos

Guardiães, auxiliares eficazes. A população é vigiada e posta sob escuta de forma permanente, os cidadãos participam em eleições, cujos resultados são previamente decididos e anunciados. Além destas medidas de organização da sociedade, este mundo futuro distingue-se também pela metamorfose que as pessoas sofreram na sua interioridade. Aderem à nova ordem com um entusiasmo que roça o êxtase; estão dispostos a sacrificar ao Estado os seres que lhes são mais próximos, parentes ou amigos, e veem a delação como um dever moral. As opiniões pessoais desaparecem face às decisões do Estado (mais ou menos na mesma época, Trotsky escrevia: «Nenhum de nós quer ou pode ter razão contra o seu partido» ([67])).

Numa entrevista concedida por Zamiatine a um jornal francês, depois de ter emigrado para Paris, o escritor adverte contra a redução do seu livro a um simples panfleto político: «Este romance é um sinal de alerta em relação a um perigo duplo que ameaça a humanidade: o poder hipertrofiado das máquinas e o poder hipertrofiado do Estado.» ([68]) Acrescenta que, nos Estados Unidos, o romance foi interpretado, «não sem fundamento», como uma crítica do fordismo. No livro, esta vertente da nova sociedade é descrita pelo nome de taylorismo, de Frederick Taylor, inventor da «organização científica do trabalho» em finais do século XIX. O nome de Taylor é venerado no mundo dos *nós*. «Esse Taylor era o mais genial de todos», ouve-se entre os pensadores do «mundo antigo». O taylorismo era efetivamente admirado por Lenine e Estaline, bem como pelos construtivistas e Meyerhold, cujo «método biomecânico» é uma transposição da doutrina para a representação do ator. À partida, aplica-se apenas ao mundo do trabalho. Os bons operários são assim descritos: «Gestos rápidos e ritmados, em conformidade com o sistema Taylor. Parecem os êmbolos de uma máquina enorme. [...] Máquinas perfeitas, semelhantes a homens, e homens perfeitos, semelhantes a máquinas.» ([69])

Mas o sistema de Taylor é considerado insuficiente, o seu autor não percebeu que podia ser estendido muito para além da organização do trabalho. «Não soube integrar no seu sistema as vinte e quatro horas do dia.» No mundo dos *nós*, o taylorismo, ou seja, a análise científica do comportamento humano tendo em vista uma melhor eficácia, estende-se a todas as facetas da vida. Os habitantes frequentam salas de exercícios de Taylor, às quais estão habituados desde a infância. De resto, nesse mundo, a educação das crianças não é deixada à arbitrariedade dos pais e é assegurada por uma instituição do Estado. «Não é extraordinário que, ao praticarem a jardinagem, a criação de aves, a piscicultura, [as pessoas do mundo antigo] não tenham sabido elevar-se ao último degrau desta escada: a puericultura?» ([70]) (Mais uma vez, aquilo que Zamiatine torna ridículo é descrito por Trotsky como uma perspetiva realista, ainda que longínqua: «A tarefa fastidiosa de alimentar e criar os filhos será retirada à família pela iniciativa social. A mulher sairá finalmente da sua semiescravatura. Ao lado da técnica, a pedagogia formará psicologicamente novas gerações e regerá a opinião pública.») ([71])

A própria música será submetida às «fórmulas de Taylor»: de forma ainda mais ambiciosa, em vez das aspirações caóticas dos humanos à antiga, aplica-se aqui uma felicidade matemática, «rítmica, taylorizada». É nisto que o mundo dos *nós* se opõe à sociedade antiga, com os seus indivíduos incompletamente previsíveis, presas de desejos incontroláveis, levando uma vida em que o acaso ainda existe, em que a natureza ainda não revelou todos os seus segredos. Estes dois temas do livro reúnem-se, a crítica das formas políticas acompanha a crítica das maneiras de organizar toda a vida social: pode-se ser privado de liberdade tanto pela vontade do Estado como pelo determinismo social, e a mecanização da vida pode revezar a polícia.

A publicação de *Nós*, portanto, não é autorizada; no entanto, Zamiatine não muda de convicções. Este romance não é a sua única expressão, como podemos verificar lendo a sua peça de teatro intitulada *Os Fogos de São Domingos* (escrita em 1919, mas representada em 1922). A estratégia aqui adotada pelo autor é ligeiramente diferente: o presente no qual vive já não é evocado por um salto para o futuro, mas pela recordação de uma página do passado. A peça narra cenas da Inquisição espanhola, com alusões claras às práticas soviéticas contemporâneas. Os Órgãos de repressão, ao verificarem que Zamiatine não pertence ao mundo soviético, propõem incluí-lo no famoso grupo de intelectuais, filósofos e teólogos que Lenine decidiu expulsar do país.

Zamiatine é detido e interrogado. No seu depoimento, não exprime qualquer arrependimento e abstém-se de condenar a emigração russa branca. Para ele, os intelectuais, «cérebro do país», têm o dever de assinalar as insuficiências e os defeitos da sua sociedade. No seu romance, criticava não o comunismo, mas certos elementos conservadores da sociedade. Os Órgãos consideram que Zamiatine deve ser exilado, mas vários dignitários bolcheviques intervêm a seu favor (um elogia as suas qualidades de escritor, outro de engenheiro). Para sua desilusão, Zamiatine não será punido com uma expulsão, mas libertado ao fim de três semanas – e mantido sob vigilância apertada.

Em 1924, Zamiatine publica um texto programático intitulado «Literatura, Revolução e Entropia». A tese, apresentada após um excerto retirado de *Nós*, volta aos escritos de 1918: para o autor, como para a mulher rebelde no seu romance, existem duas forças no mundo, a entropia e a energia, a manutenção do equilíbrio e o movimento perpétuo, a inovação, a crítica – e também a revolução. Por conseguinte, é a favor da revolução; aquilo que critica implicitamente à sociedade é o facto de se ter aburguesado, de se ter tornado contrarrevolucionária. O herético volta a ser descrito como o melhor remédio contra o dogma em todos os domínios: nas ciências, na religião, na vida social, na arte. «Os heréticos são necessários para a saúde; se não existem, devem ser inventados. [...] Os erros têm mais valor que as verdades.» ([72])

Podemos pensar que estas afirmações não fazem suficientemente justiça à mensagem transmitida em *Nós*. Em primeiro lugar, é arriscado assimilar o revolucionário e o herético, ainda que tenham alguns traços comuns: um participa num empreendimento coletivo, o outro segue um caminho individual, o primeiro adota meios violentos para realizar os seus projetos (salvo nas revoluções «de veludo»), o segundo não faz isto. De uma forma mais geral, o primeiro elabora projetos, o segundo interpreta o mundo e produz representações do mundo. Os artistas e os escritores estão atentos àquilo que ainda existe apenas no estado embrionário, que escapa ao conformismo ambiente, e tentam dar-lhe expressão nas suas obras, mas esta sensibilidade não se confunde com a dos revolucionários, que condenam o presente em nome de um futuro a construir. Por último, valorizar apenas o movimento de crítica e de mudança, à maneira dos vanguardistas ou de Nietzsche, evocado neste contexto, não permite estabelecer uma distinção entre revolução e contrarrevolução. De outro modo, por que seria preferível contestar a censura a impô-la? Por que é que o sufrágio universal seria preferível à sua confiscação pelos Sovietes? Aderimos a certos valores por si mesmos, e não porque introduzem uma mudança.

Nos anos seguintes, Zamiatine trava amizade com Bulgakov, colabora com Meyerhold (na adaptação de uma peça) e com Chostakovitch (nos libretos das suas óperas), mas sem que o seu nome seja publicitado. Escreve também vários contos, como o impressionante *Inundação* (1929). Longe de obedecer a regras codificadas pelo Estado, como em *Nós*, o comportamento das personagens é aqui guiado por valores dos quais não têm consciência, mesmo quando dizem respeito aos atos mais graves; dar a morte, dar a vida. Neste mesmo ano de

1929, inicia-se na URSS uma violenta campanha, já evocada, contra os dois escritores, Pilniak e Zamiatine, estigmatizados como traidores e espiões. O seu pecado: terem publicado as suas obras, inéditas na sua pátria, no estrangeiro, em países «burgueses»; no caso de Zamiatine, trata-se de excertos de *Nós* na imprensa da emigração (em russo) e da tradução e publicação do romance em francês.

Zamiatine responde a estes ataques com uma longa carta dirigida ao governo soviético. Ao contrário de Pilniak, não se arrepende de nada e justifica as suas posições: o seu talento é de natureza crítica; sente-se incapaz de retratar «heróis positivos»; criticar exclusivamente o passado pré-comunista parece-lhe ser também uma tarefa não à sua altura: seria adotar a ortodoxia do momento ou uma atitude servil, e prefere a posição do herético. Ao saber da interdição de publicar, solicita que o autorizem a partir para o estrangeiro «durante um ano»; o seu pedido é negado. No entanto, dois anos depois, por conselho de Gorki, que entretanto regressara ao país e com quem manteve relações de amizade, reitera o seu pedido, desta vez na forma de uma carta a Estaline (como o faz também Bulgakov na mesma altura); na carta, lembra também que o pedido paralelo de Pilniak recebeu uma resposta favorável. Contudo, ao contrário deste último, não promete escrever obras autenticamente soviéticas. A intervenção de Gorki, que preferia que Zamiatine ficasse no país, é decisiva; recebe a autorização e, em 1931, instala-se em Paris. Em nenhum momento Zamiatine cedeu às pressões do poder comunista.

A sua situação em relação à emigração russa é bastante singular. Tal como anunciara a Estaline, não tem qualquer atividade política: neste contexto, seria aderir à voz da maioria; mas prefere ser um herético. Conserva o seu passaporte soviético, escreve por vezes nos jornais soviéticos (que o publicam), torna-se membro da União dos Escritores Soviéticos e faz parte da delegação soviética ao congresso antifascista de

Paris, em 1935. Ao mesmo tempo, tenta participar em projetos franceses; adapta, por exemplo, a peça de Gorki *O Submundo* para o filme realizado por Jean Renoir. Dá entrevistas, em termos moderados, de preferência sobre temas literários. Lê o romance de Aldous Huxley, *Admirável Mundo Novo*, destacando as múltiplas semelhanças com *Nós*. Tudo se passa como se o contexto da sua vida em Paris o impedisse de prosseguir o seu caminho russo: se criticasse o regime comunista, temia tornar-se um conformista, reforçar a entropia; o seu conhecimento do mundo ocidental não é suficiente para lhe inspirar uma crítica nele centrada. Sonha com passar algum tempo nos Estados Unidos, mas a doença leva-o antes disso, em março de 1937.

Marina Tsvetaieva, que também se sente pouco à vontade na maioria dos meios da emigração, vê-se próxima dele. No dia do seu enterro, a que ela assiste com dois ou três conhecidos, escreve numa carta a uma amiga este epitáfio lacónico: «Lamento-o profundamente, mas consola-me pensar que viu o fim da sua vida na paz de alma e em liberdade. Raramente nos víamos, mas, tal como eu, nem sempre estava bem: nem nosso, nem vosso.» ([73]) No último conto que publica em vida, *Um Reencontro* (1935), Zamiatine narra a história de dois homens que participam como figurantes na rodagem de um filme. Cada um deles desempenha o papel que tinha na vida real há cerca de quinze anos: um era estudante revolucionário, o outro coronel da guarda czarista. Dão-se conta de que já se haviam encontrado nessa época distante; o coronel pusera o estudante na prisão. Agora, o coronel teme a vingança da sua antiga vítima. Mas engana-se: o estudante aborda-o para, enquanto esperam o recomeço das filmagens, jogarem uma partida de xadrez. O confronto de antanho torna-se um filme, os antigos inimigos podem jogar juntos.

Babel ou a mentira impossível

Isaac Babel oferece uma formulação precisa do dilema que enfrentam os escritores e artistas soviéticos, que têm de satisfazer a sua própria consciência e, ao mesmo tempo, as expectativas da sociedade em que vivem.

Babel nasceu em 1894, em Odessa, numa família judia cujo pai é comerciante; começa a estudar em Kiev, durante a guerra instala-se em Petrogrado, onde escreve os seus primeiros contos, lidos e encorajados por Gorki, que, enquanto o elogia, lhe sugere que vá «ver o mundo». Babel trabalha durante algum tempo para a Tcheka como intérprete e, depois, em várias outras instituições nascidas da revolução de Outubro. Mais tarde, regressa a Odessa e acompanha como jornalista o exército de cavalaria que trava guerra contra a Polónia. Após o cessar-fogo, em 1920, recomeça a escrever contos sobre a vida judaica em Odessa e sobre a guerra, alguns dos quais são publicados em revistas, em 1923. Maiakovski incita-o a ir viver para Moscovo, onde publica os seus primeiros livros e, em 1926, *Cavalaria Vermelha*, que lhe confere o reconhecimento na Rússia e no estrangeiro.

A guerra é aí descrita em toda a sua crueldade e violência, as mortes, as violações multiplicam-se. Um crítico contemporâneo vê neste livro um condensado de «sangue, lágrimas e esperma», bem como um enorme material sobre a crueldade da revolução. Mas aquilo que mais impressiona os leitores é a atitude do narrador que fala na primeira pessoa, que nos faz partilhar a sua simpatia pelos «cossacos vermelhos». As ações das personagens, sem serem comentadas, parecem justificadas, pois testemunham a vida intensa dessas gentes, o seu compromisso integral com a causa da evolução, o que as coloca «para além do bem e do mal». Agem assim sem pensar, arrebatadas por um alento vital irresistível; suscitam uma admiração estética que reduz ao silêncio os juízos éticos.

As descrições são exatas, lacónicas, secas. A revolução é violenta, mas isto é mais uma razão para amá-la.

Esta visão dos combatentes faz lembrar a representação que Blok dá deles em *Os Doze* e que suscitou protestos de Trotsky: não, os guardas vermelhos não se comportam assim! As narrativas de Babel provocam uma reação negativa paralela por parte de Budionny, o comandante do exército de cavalaria, de quem Babel seguiu os avanços e os recuos, num artigo publicado pouco depois da edição desses contos. Segundo o chefe militar, o escritor não compreendeu que o Exército Vermelho travava uma luta de classes, representou-o como uma cambada de bandidos, ladrões, malandros e prostitutas. Ao mesmo tempo, e de forma um pouco contraditória, Budionny censura-o por manifestar uma mentalidade efeminada (goza com a semelhança entre *baba*, mulher em russo, e o nome do escritor). «O cidadão Babel conta-nos intriguices de mulheres sobre o Exército Vermelho, remexe na roupa suja de mulheres, narra com um horror digno de um maricas...» ([74]) Babel não se preocupa muito com estes ataques, pois também tem defensores numerosos e influentes.

No entanto, Budionny só percebeu e interpretou à sua maneira um aspeto das narrativas de *Cavalaria Vermelha*. Na verdade, a obra é mais complexa: além desta admissão tranquila da violência, o livro testemunha também outra visão. Já encontramos um vestígio disto no caderno em que, durante esta guerra contra a Polónia, Babel anota diariamente as suas impressões. Na data de 3 de junho de 1920, escreve: «O pequeno juiz filósofo. [...] A sua filosofia – todos dizem que se batem pela verdade e todos se submetem. Se ao menos houvesse um que fosse bom». Esta nota será desenvolvida na narrativa intitulada *Guédali*, cujo protagonista tem uma pequena loja de antiguidades. Segundo esta personagem, não basta dizer que se apoia a revolução; também é preciso que esta seja feita por pessoas boas. «Mas as pessoas boas não matam.

Portanto, a revolução é feita por pessoas más. Mas os Polacos também são pessoas más. Assim, quem dirá a Guédali onde está a evolução e onde está a contrarrevolução?» Guédali interroga-se: «Onde está ela, a doce revolução», a que podemos sofrer sem reservas? O narrador, encarnando a adesão incondicional a esta causa, responde-lhe: «A Internacional, isso come-se com pólvora e tempera-se com o melhor sangue...» ([75])

O livro de Babel conserva vestígios discretos da filosofia de Guédali: na verdade, narra o conflito subterrâneo entre essas duas conceções, como já observava um crítico contemporâneo, Abram Lejnev: «A justificação da crueldade existe ao lado da sua rejeição.» ([76]) Esta dualidade dos pontos de vista permanece central para Babel até ao fim da sua vida, isto segundo um dos depoimentos que faz quando está preso: «Compreendi que o meu tema, que toca muitas pessoas, é o de uma autorrevelação, uma narrativa verídica e de alta qualidade literária, sobre a vida de um homem "bom" durante a revolução.» ([77])

Em 1920, portanto, Babel procura responder a um duplo apelo, satisfazer uma dupla exigência. Por um lado, a sua conceção de literatura exige que narre a vida colorida de personagens maiores que a natureza, de super-homens que estão para além do bem e do mal, como os cossacos vermelhos (ou como os bandidos de Odessa). Na Rússia soviética saída dos primeiros anos da revolução, encontrará apenas dois exemplos dessa ação fora do normal. O primeiro é a vida dos tchekistas, que ele seguiu em 1918, mas que também frequentou mais tarde (encontramo-los no círculo de Maiakovski); até ao fim da sua vida, convive com os dirigentes da polícia política, Yagoda, Ejov, reúne documentos, toma notas para um livro. Estes indivíduos que decidem o destino das pessoas comuns fascinam-no, «são, simplesmente, santos», diz ele a um amigo.

O segundo exemplo é o da coletivização forçada do campesinato; desta vez, o processo geral intriga mais que os seus atores. «Tenho grande vontade de escrever sobre os campos, sobre a coletivização (é nisso que me ocupo agora), sobre as pessoas durante a coletivização, sobre as transformações da agricultura. É o fenómeno mais importante da nossa revolução, à exceção da guerra civil» ([78]), afirma ele em 1937. Por conhecer este interesse de Babel, Eisenstein propõe-lhe colaborar no argumento sobre o qual trabalha em 1936, *O Prado de Bejine*, uma versão da história de Pavlik Morozoz, famosa no tempo da coletivização, a do «pioneiro» que foi morto pelo pai por tê-lo denunciado como «kulak» (uma história comparável de infanticídio e de parricídio figura em *Cavalaria Vermelha*), mas o filme será proibido.

Estes dois projetos, sobre os quais Babel acumula rascunhos, não chegarão a ser concluídos. Sem dúvida também porque a sua conceção global da vida, a sua escolha dos seres bons, não lhe permite aderir plenamente a essas outras peripécias da vida soviética. Ainda antes da sua própria detenção, não pode ignorar que nem todos os tchekistas correspondem à imagem romântica que tem deles; quanto à coletivização, os raros textos preservados e os seus depoimentos na prisão mostram que não alimenta grandes ilusões. A Malraux, diz: «Pintei com cores escuras as facetas negativas da vida nos kolkhozes...» ([79])

Face a esta dupla exigência, escrever e publicar torna-se impossível para Babel. Entre 1926, quando os seus livros são publicados, e 1939, quando é preso, publica apenas alguns excertos. No início, isto não constitui grande problema, mas, com o tempo, introduz uma suspeita: o silêncio de Babel significará que se tornou hostil ao regime? Será que ele goza de uma liberdade interdita aos outros? Por várias vezes, é chamado a explicar-se. Em 1930, declara que os seus critérios se tornaram mais rigorosos. «Deixei de escrever porque tudo o que fazia até então já não me agradava», precisa de conhecer melhor a vida soviética. Em 1934, diante do congresso dos escritores, regressa ao tema: venera a revolução, não tem o direito de a vilipendiar ou, por agora, para ele, «as palavras não estão à altura destes sentimentos». Em 1937, recomeça: «Após uma interrupção prolongada – perdera o norte –, as coisas estão agora muito melhor. Não estou a escrever mal e isso vai ser publicado.» De tal maneira que, quando é detido dois anos depois, a primeira razão da sua detenção que lhe vem ao espírito continua a ser a mesma: «Considero a minha prisão o resultado de um concurso de circunstâncias e da minha impotência criadora, devido à qual não publiquei nenhuma obra importante nos últimos anos. Nas condições soviéticas, isso podia ser visto como uma sabotagem e uma recusa de escrever.» ([80])

Qual é a verdadeira causa deste silêncio prolongado? Numa intervenção diante da União dos Escritores, em 1936, Babel dá a esta questão uma resposta bastante convincente. Não recorre à oposição anteriormente evocada entre o elogio da oposição e o elogio dos homens bons, entre política e moral, provavelmente indizível nessa época, mas à oposição entre a exigência vinda do público, do mundo exterior, e a formulada pelo próprio escritor – entre a voz da coletividade e a do indivíduo. «Um livro é o mundo visto através de um ser humano. Ora, no meu sistema, não havia ser humano, afastara-se de si próprio. Era preciso regressar a ele; enquanto escritor, não tinha nem podia ter outros instrumentos além dos meus sentimentos, os meus desejos e inclinações. [...] Devemos mostrar a nós próprios uma honestidade que não seja limitada por nada.» Aquilo que ele não acrescenta, mas que as suas audiências podiam subentender, é que a cena pública, na URSS, não permitia essa expressão «de uma honestidade que não seja limitada por nada». No seu depoimento na prisão, apresentará a mesma justificação, esta «teoria da sinceridade», «a necessidade que um criador sente de aprofundar constantemente a sua individualidade, quer a sociedade tenha ou não necessidade disso. [...] Nenhuma consideração moral ou social deve impedir que o escritor e o seu estilo se revelem e se desenvolvam». ([81]) No entanto, publicar o que se escreve desta maneira tornava-se impossível se isso não correspondesse à linha do partido. A única atitude honesta consiste, pois, em ficar em silêncio, e esta é a chave do enigma.

Na mesma altura em que Babel é detido, confiscam-lhe também grande número de textos inéditos (15 pastas de manuscritos, 18 blocos e cadernos de notas, etc.). Babel não é impedido de escrever, mas apenas de publicar. Numa última carta redigida na prisão e dirigida ao novo comissário para o Interior, Beria, pede-lhe não que seja poupado ao castigo pelos graves crimes que cometeu, mas que lhe deem tempo para concluir os projetos interrompidos pela detenção: um livro sobre a coletivização, outro sobre Gorki e, talvez mais importante, um romance autobiográfico que relata o seu itinerário, desde a época dos entusiasmos revolucionários até ao seu encarceramento final, aquilo a que, no seu depoimento inicial, chamava «a vida de um homem "bom" durante a revolução». Este pedido de Babel não foi satisfeito e, muito provavelmente, os seus manuscritos foram queimados, mas este projeto deixou um vestígio escrito: são os numerosos e longos depoimentos que dirige ao tribunal. Ele próprio qualifica assim ironicamente o estado último do projeto: «A sua forma mudou, para se tornar a dos protocolos da instrução judiciária...» ([82]) No entanto, bastaria eliminar as intrusões flagrantes do juiz de instrução torcionário para obter o esboço dessa impressionante narrativa inacabada de Babel.

Bulgakov, simpatia pelo diabo

Separámo-nos de Bulgakov em 1921, no momento em que renuncia ao caminho da emigração e decide instalar-se em Moscovo para se tornar escritor profissional. Numa primeira fase, trabalha como jornalista. Mas, em 1922, inicia a redação de um romance que se intitulará *A Guarda Branca*. Bulgakov tem grandes ambições: projeta um tríptico sobre a guerra civil que se abateu sobre a Rússia, um equivalente do *Guerra e Paz* de Tolstoi, mas do qual só concluirá o primeiro volume, o que altera o sentido do conjunto. O romance não descreve a guerra civil entre Brancos e Vermelhos, mas um conflito mais circunscrito, entre o exército russo fiel ao antigo regime czarista e o exército ucraniano comandado por Petliura, nacionalista, revolucionário e antissemita. De forma mais exata, o livro descreve a conquista de Kiev pelas tropas de Petliura em finais de 1918 e inícios de 1919.

No centro da história estão os membros de uma família, os Turbines – o mais velho, Alexei, médico, o jovem Nikolka, seu irmão, a irmã Elena – e os seus próximos. Aquilo que se destaca logo em *A Guarda Branca* é a ausência de qualquer visão maniqueísta. Os bolcheviques quase não são mencionados, todas as personagens do livro pertencem ao lado «branco», ou seja, o campo dos derrotados – no episódio narrado, mas também na guerra civil –, mas ilustram as mais diversas atitudes. Cruzam-se seres corajosos e cobardes, vaidosos e modestos, ingénuos e sábios, pessoas animadas por um ideal de honra e de solidariedade, outras pelo egoísmo e o desejo de dominar. Não são as suas convicções políticas, e ainda menos a sua pertença a um país ou a uma classe social, que lhes determinam as qualidades humanas. Estas personagens são descritas com atenção, com afeto e, ao mesmo tempo, muito humor, num estilo próximo de Gogol. Bulgakov escreve como se ignorasse a pressão ideológica sofrida pelos autores russos do seu tempo.

A Guarda Branca é publicado em revista, um primeiro terço em 1925, um segundo em 1926; no entanto, como a revista foi proibida nessa altura, os leitores russos não terão acesso à terceira e última parte do livro (o romance completo será publicado em russo, em Paris, em 1927 e 1929, sem suscitar grandes reações na emigração; 40 anos depois, será publicado na URSS). Entretanto, Bulgakov resolve transformar o seu romance numa peça de teatro; chamar-se-á, em 1925, *Os Dias dos Turbines*. A peça será ora rejeitada, ora admitida (pelo Teatro de Arte de Moscovo), ora interditada (pelos Órgãos), ora autorizada (pelo *Bureau* Político) e finalmente representada em Outubro de 1926. É um triunfo em termos do público e um fracasso para a crítica (Bulgakov conta que houve 298 ecos hostis à sua peça na imprensa e três positivos). Com Pilniak, será o autor que suscita mais ataques por parte de escritores que se proclamam guardiães da ortodoxia ideológica. Em relação ao texto do romance, a peça faz algumas concessões ao espírito da época, introduzindo no último ato o anúncio da chegada iminente dos bolcheviques, recebido favoravelmente por várias personagens.

Uma semana antes da estreia, Bulgakov é convocado para um interrogatório nas instalações dos Órgãos. A transcrição deste interrogatório foi conservada e revela um Bulgakov espantosamente sincero e até cândido. Evocando o período da guerra civil, declara: «As minhas simpatias iam totalmente para os Brancos e assisti à sua retirada com horror e embaraço.» Acerca do presente, descreve-se como um cidadão leal, sem mais. Quanto ao que escreve, não o pode fazer de outra maneira: «Escrevo sempre em plena consciência, descrevo as coisas tal como as vejo. Os fenómenos negativos da vida no campo soviético despertam-me especialmente a atenção, pois vejo neles, intuitivamente, alimento para a minha obra (sou um satirista). Por vezes, as obras produzidas pela minha caneta ofendem profundamente os círculos da opinião pública comunista.» ([83])

Os dirigentes do país viram a peça, que será representada centenas de vezes, mas as críticas negativas da imprensa levarão os teatros soviéticos, prudentes, a renunciar em pôr em cena as outras peças de Bulgakov. É reduzido à inexistência pública e à indigência. Desanimado, decide, em julho de 1929, na altura da campanha contra Pilniak e Zamiatine, dirigir-se ao governo soviético e diretamente a Estaline. Queixando-se do ostracismo de que é vítima, pede para ser expulso da União Soviética, na companhia da sua esposa. Terá esta carta sido enviada? Em todo o caso, não recebe resposta.

Bulgakov dirige então ao governo uma segunda missiva, muito mais pormenorizada e, de novo, espantosamente sincera (de uma «boa-fé absoluta», escreve ele.) Começa por declarar que o aconselharam a escrever uma «carta de arrependimento» e, além disso, «uma peça comunista», mas, apesar do seu desejo de ter uma vida normal, não é capaz de fazer isso. Não é *contra* a revolução (quem poderia sê-lo? É um facto histórico), mas *a favor* da liberdade de imprensa. Contudo, exprime a sua opinião: conservo, escreve ele, «o profundo ceticismo que mostro a respeito do processo revolucionário que se desenrola no meu país atrasado e ao qual oponho o meu conceito bem-amado de Grande Evolução». Segundo este conceito, continua ele, deve-se «representar a *intelligentsia* russa como o melhor extrato social do país». Emprega constantemente esforços «para se posicionar sem paixão acima dos Vermelhos e dos Brancos», o que é uma descrição justa de *A Guarda Branca*; os críticos, porém, preferem vê-lo como partidário dos Brancos. Esta profissão de fé e de autonomia em relação à ideologia comunista é um ato de audácia sem precedentes.

Na conclusão da carta, volta a pedir autorização para partir para o estrangeiro; mas acrescenta também que, se não lhe concederem essa autorização, solicita pelo menos um emprego qualquer num teatro, a fim de escapar «à miséria, à rua, à morte». ([84])

Duas semanas depois, o telefone toca em casa dos Bulgakoves: é Estaline (é o primeiro dos famosos telefonemas de Estaline aos escritores; o segundo, quatro anos depois, será para

Pasternak, na altura do caso Mandelstam). O chefe supremo diz ter lido a carta de Bulgakov e pergunta-lhe se quer realmente emigrar. Atordoado, Bulgakov responde que, na sua opinião, a vida de escritor deveria desenrolar-se no seu próprio país. Estaline apressa-se a aprovar esta reação e promete-lhe um emprego no Teatro de Arte de Moscovo, antes de lhe avançar a possibilidade de futuras conversas entre o guia e o escritor. Bulgakov arrepender-se-á durante muito tempo de não ter pedido para partir, uma alternativa que considerava inexistente.

Estaline sai a ganhar deste acordo: não concede nada a Bulgakov, cujas peças não serão mais representadas nem as obras publicadas, evita que o escritor imite o gesto suicida de Maiakovski (que se matara pouco tempo antes) e constrói a sua imagem de czar comunista distante, mas clemente, sensível às necessidades dos criadores. A existência desta conversa educada, quase amistosa, permite-lhe manter do seu lado um dos escritores mais talentosos do seu tempo. Na verdade, as numerosas intervenções do guia no domínio literário não mostram qualquer sensibilidade pela obra de arte; o seu único critério de juízo é a maior ou menor utilidade deste ou daquele, e é esta utilidade que faz pender o prato da balança do juízo para a vida ou para a morte. Por outras palavras, Estaline trata a vida literária da mesma maneira pragmática que a vida política, e as construções ideológicas só são convocadas num tempo posterior. Como sabemos, durante a Segunda Guerra Mundial, Estaline elimina dos seus discursos a referência comunista, preferindo falar de uma guerra «patriótica». É assim que reage a Bulgakov. «A peça *Os Dias dos Turbines* produz mais utilidade que perturbação», escreve ele numa carta de 1 de fevereiro de 1929; assim, deve continuar a ser representada. «Até nesta peça, até neste autor, podemos encontrar coisas úteis para nós» ([85]), declara ele dez dias depois.

Ao mesmo tempo, a existência desta conversa tem um efeito positivo para Bulgakov: funciona como um talismã ou um salvo-conduto, como acontecerá também com Pasternak, pois os Órgãos não tocarão em Bulgakov, ainda que se permitam desvios que seriam severamente punidos se cometidos por outros, como as suas relações com diplomatas americanos e britânicos colocados em Moscovo.

Em finais de 1929, nas vésperas desse encontro, Bulgakov escreve uma nova peça de teatro, que evoca cenas da vida de Molière e intitulada *A Cabala dos Devotos*. Tal como as suas outras peças, nunca subirá ao palco. Apresenta um interesse particular: é aqui que aparece uma personagem nova para Bulgakov, o rei omnipotente, senhor e protetor do artista. Como esta figura não existe na época na vida real de Bulgakov, devemos admitir que a peça tem uma força profética. Molière é perseguido pela «cabala» dos dignitários religiosos, mas pode contar com a compreensão e a ajuda de Luís XIV, que autoriza a representação de *Tartufo*. Tal como Zamiatine, que fala da realidade russa contemporânea a coberto de um cenário da inquisição espanhola do século XV, Bulgakov representa o destino do escritor soviético através da narrativa dos dissabores de Molière face à monarquia absoluta francesa do século XVII. Nessa altura, espera que Estaline desempenhe para ele o mesmo papel e que o salve dos intermediários dogmáticos e obsequiosos de que depende, censores, diretores de teatro, críticos e polícias; e a previsão realiza-se na primavera seguinte. No entanto, na sua peça, Bulgakov não idealiza o rei: o seu Molière sabe que, apesar da benevolência de que goza por parte do rei, este continua a ser um tirano que não recusa as bajulações e humilha os membros do seu séquito.

Na biografia romanceada de Molière, redigida em 1932, ou seja, após a conversa com Estaline, Bulgakov leva mais longe este paralelismo entre as duas relações. «De uma forma geral, os atores amam apaixonadamente todos os poderes. Não podem deixar de amá-los! Só o poder forte, duradouro e rico faz desenvolver a arte teatral.» Justifica as manifestações de submissão e humildade por parte dos artistas. «Molière tinha razão ao dirigir dedicações ao rei e ao seu irmão», pois era o preço a pagar pela existência das suas obras. «Descendentes! Não vos apressais a atirar a pedra ao grande satirista! Oh, como é difícil o caminho do cantor submetido à observação infatigável do terrível poder!» Bulgakov admite até a necessidade de retocar as obras seguindo as recomendações dos poderosos, se isso permitir evitar a interdição. «Sob a pressão da força, o autor recorre à mutilação deliberada da sua obra. [...] Assim agem as lagartixas, que, quando apanhadas pela cauda, cortam-na e salvam-se. Qualquer lagartixa sabe que mais vale viver sem cauda do que perder a vida.» ([86]) No entanto, Bulgakov sugere que os poderosos deviam abster-se de dar ordens aos autores de peças de teatro e avisa os seus colegas escritores: os poderosos podem sempre mudar de opinião; de resto, nada garante que as simpatias declaradas sejam sinceras. Estas explicações levam a pensar que Bulgakov apresenta aqui elementos de uma estratégia consciente; no entanto, não temos a certeza de que a tenha seguido sempre. O seu livro sobre Molière não será publicado em vida: o sentido destas críticas e paralelismos não escapa aos seus censores.

A situação representada no último romance de Bulgakov, *O Mestre e Margarita*, escrito entre 1929 e 1940, é mais complexa, mas lembra aquela em que se joga o destino de Molière. A cena contemporânea descrita no romance contém três grupos de personagens: o mestre, escritor autêntico, e a sua amante; os funcionários soviéticos, que regem a vida dos escritores, colegas invejosos, dogmáticos, carreiristas, agentes da polícia, todos objetos da sátira de Bulgakov; por último, os visitantes sobrenaturais de Moscovo, Woland e os seus acólitos, que percebemos depressa ser a encarnação do diabo. Os membros do segundo grupo, representantes comuns do mundo soviético, são hostis ao mestre e a Margarita; em contrapartida, Woland e o seu bando humilham e punem os seus funcionários, enquanto protegem e favorecem as suas vítimas. Woland não é Estaline, mas ocupa o mesmo lugar na estrutura simbólica do romance que o guia do país em relação a Bulgakov. As intervenções do diabo são benéficas para o casal do escritor e da sua amada. Bulgakov não esconde a pertença do visitante ao mundo diabólico, mas também não oculta a sua simpatia pelo poder do diabo e pelos favores que reserva a alguns privilegiados. Será preciso dizer que, para falar como Zamiatine em *Nós*, não existe qualquer verdadeira oposição em Moscovo entre o Benfeitor e os guardiães que agem sob as suas ordens? A configuração imaginada por Bulgakov não corresponde à realidade soviética.

Esta configuração também não corresponde às opiniões professadas por Bulgakov nos anos 1920. Ao longo dos anos 1930, continua a esperar que Estaline lhe volte a falar, continua a escrever-lhe, informando-o das perseguições que sofre e pedindo-lhe uma audiência. Além das quatro cartas conservadas, sabemos pelos seus próximos que escreveu muitas outras, assinadas «Tarzan» e logo destruídas. Fazia rir os amigos contando-lhes conversas imaginárias extravagantes com o dirigente supremo do país. Entretanto, a publicação dos escritos de Bulgakov é proibida, as suas peças começam por ser autorizadas e, depois, sob a pressão dos críticos, recusadas, os seus pedidos de autorização para viajar ao estrangeiro ficam sem resposta.

Em desespero de causa, em 1936, Bulgakov pensa em participar num concurso de escrita de um manual escolar sobre a história da URSS. Se vencer o concurso, obterá um prémio que lhe permitirá escapar pelo menos das dificuldades financeiras. No entanto, alguns meses depois, dá-se conta de que as condições do concurso, técnicas e ideológicas, são demasiado restritivas e não poderá satisfazê-las. Decide empreender uma grande ação: escreverá uma peça cujo protagonista será Estaline. Já não lhe poderão dizer que só sabe representar Russos brancos! O Teatro de Arte fica entusiasmado e Bulgakov começa a trabalhar. Escolhe como matéria algumas peripécias da juventude de Estaline, revolucionário debutante. O texto de *Batum* é entregue ao teatro em 1939, mas, para que a peça seja posta em cena, é obviamente necessário obter o acordo do protagonista da peça. A resposta chega alguns meses depois: o guia gostou, mas a autorização da representação da peça é negada, sem dúvida porque o Estaline vivo está a sair do mundo simplesmente humano e é inconveniente representá-lo em cena a andar e a falar como um homem normal. A obra não traz qualquer alívio à condição do escritor, tal como acontecera com a *Ode a Estaline* escrita por Mandelstam, em 1937, no espírito de escapar à catástrofe. Parece que estas manifestações de submissão total ainda atraem menos a benevolência de Estaline do que as declarações de autonomia.

Bulgakov morre em casa em março de 1940. Escapou à morte violenta, nunca foi preso ou deportado, mas a maioria dos seus escritos fica a ganhar pó no fundo das suas gavetas. Face ao poder, cedeu cada vez mais terreno. O desfecho do conflito continua incerto.

Pasternak em busca do uníssono

Boris Pasternak oferece outra formulação ao dilema identificado por Babel, o do escritor que tem de satisfazer a sua própria consciência e a sociedade em que vive.

Alguns anos após a revolução de Outubro, vê-se confrontado com uma dupla exigência: para ser poeta, pensa ele, é preciso ouvir o povo atual e manter-se fiel a si próprio, manter uma sinceridade absoluta. Pasternak tenta assim encontrar pontos de contacto entre o mundo exterior e os seus próprios sentimentos. «Percebes, também me tornei soviético» ([87]), escreve ele a um amigo poeta. Em dezembro de 1921, assiste ao congresso dos Sovietes, no qual Lenine expõe as suas ideias sobre a eletrificação do país; a julgar pela transposição das suas impressões no seu poema *Doença Grave*, é sobretudo sensível à faceta demiúrgica do chefe do Estado soviético, que decide a direção na qual o mundo se deve dirigir; através das suas afirmações, «a história grita» ([88]). Pasternak gosta de explicar aos seus interlocutores que, embora não seja membro do partido, é comunista – mas no sentido em que Pedro, *o Grande*, e Pushkin já o eram. Na mesma altura, é convocado por Trotsky, que o interroga longamente sobre os seus projetos literários e lamenta ver Pasternak «abster-se» de tratar de temas sociais. O escritor mantém-se evasivo, mas, no dia seguinte, encontra uma boa réplica: o seu livro *Minha Irmã, a Vida* é «revolucionário no melhor sentido do termo» ([89]), pois, tal como a revolução, revela a natureza humana. Não é por acaso, pensa ele, que as declarações dos direitos naturais do homem acompanham as revoluções americana e francesa. Não está seguro de que Trotsky tenha sido sensível a este argumento que assimila Outubro às revoluções «burguesas»!

Alguns anos depois, Pasternak escreve a um poeta oficial: «Habituei-me a ver em Outubro a especificidade química do nosso ar, os elementos do nosso tempo histórico.» Em resposta a um inquérito, considera que as resoluções do Comité Central do partido sopram o «ar da história» que ele próprio desejaria respirar, o que lhe permitiria ser «plenamente um homem na história» ([90]). Tenta também passar do modo lírico, ligado à experiência do indivíduo, para o modo épico, mais adequado à experiência coletiva, e redige longos poemas, dedicados nomeadamente à primeira revolução russa. Ainda que saiba que o tema da revolução é mais «lucrativo», nenhuma das suas obras o satisfaz em pleno.

As suas relações com os escritores respeitados pelo regime não são simples. O «poeta proletário» Demian Bedni (pseudónimo que significa «o pobre») deixa-o indiferente, não é um verdadeiro poeta. Muito diferente é a sua relação com Máximo Gorki («o amargo»), considerado oficialmente o maior escritor soviético, ainda que, na época, habite numa *villa* em Sorrento. Pasternak respeita-o o admira-o, ao ponto de se achar pequeno em comparação com ele. Após a publicação do seu longo poema *O Ano 1905*, julgando que produziu finalmente uma obra soviética, envia-o a Gorki com uma dedicatória que roça a bajulação: «Para M. Gorki, expressão e justificação suprema da época, com o amor mais respeitoso e profundo, B. P.» A adulação funciona e Gorki responde com uma carta de elogio (moderado). Na sua carta seguinte, Pasternak insiste, evocando o «reconhecimento por si enquanto encarnação histórica única pelo seu carácter excecional. Não sei o que seria para mim a revolução ou qual seria a sua *verdade* se não fizesse parte da história russa» ([91]); é preciso dizer que o prestígio, e portanto o poder simbólico, de Gorki é enorme, e Pasternak coloca-o na posição de um pai omnipotente.

O outro grande exemplo, constantemente presente no espírito de Pasternak, é Maiakovski, o seu amigo futurista dos anos de guerra. No entanto, durante os anos 1920, Maiakovski já não goza de reconhecimento unânime e é até alvo constante dos ataques dos escritores «proletários», que lhe censuram a escrita demasiado modernista (só será «reabilitado» e até levado ao pináculo, como veremos, em 1935, cinco anos após o seu suicídio). Por outro lado, e sobretudo, o juízo que Pasternak faz agora sobre a sua obra mudou de forma radical. Desde que Maiakovski abraçou a causa do regime soviético, Pasternak diz que o compreende cada vez menos e que se sente perplexo face ao seu «zelo de propagandista». A relação entre os dois poetas torna-se tensa por causa do grupo e da revista fundados por Maiakovski, a *LEF*. Com o passar do tempo, esta associação torna-se insuportável para Pasternak. Pede que o seu nome seja retirado da lista de colaboradores, mas os redatores fazem orelhas moucas. Reitera a sua exigência numa carta oficial (em 1927) e dirige também uma carta pessoal a Maiakovski, na qual o incita a deixar de desempenhar o papel de guia de um batalhão inexistente, de um grupo inútil. Noutra carta oficial (mas não destinada a publicação), explica as razões da rutura: «A *LEF* deprimia-me e repugnava-me pelo seu sovietismo abundante, ou seja, o seu servilismo aflitivo, a sua tendência para os escândalos, tendo na mão o mandato oficial de praticar escândalos.» ([92]) Esta condenação estende-se a tudo a que associa ao grupo: os seus membros, o seu porta--voz Maiakovski, o futurismo, o formalismo na crítica literária.

No seu livro de memórias, intitulado *Refém da Eternidade*, a sua companheira Olga Ivinskaia dá testemunho de que Pasternak ainda prosseguiu durante muito tempo o debate interno com o seu amigo de juventude. Durante os anos 1920, a figura de Maiakovski fascina-o, pois este parece realizar a coincidência entre o destino do povo e o seu próprio, à qual ele aspira e que lhe parece ser a condição indispensável para a escrita de uma obra autêntica. Para ele, Maiakovski é a verdadeira encarnação da revolução. Ao mesmo tempo, reprova tanto as opções políticas como a poesia do seu velho amigo! O suicídio deste, em 1930, revela-lhe que o poeta não estava satisfeito com o seu papel de propagandista. Mais do que a unidade, é o conflito que caracteriza a relação entre as diferentes personagens que o habitam, mas tratava-se de um conflito recalcado. Marina Tsvetaieva compreendera-o bem após a sua morte. «Durante doze anos, Maiakovski, o homem, tentou matar o Maiakovski poeta e matou o homem», escreve ela; e também: «O suicídio de Maiakovski parece-me ser a liquidação do poeta pelo combatente.» ([93]) No fundo, pouco importa saber quem matou quem; o essencial é que se tratava de uma luta de morte e não de uma unidade harmoniosa.

Seja nas suas declarações públicas, em que se limita a assegurar um serviço mínimo, nas suas obras épicas, cujo valor lhe parece incerto, ou nas suas relações pessoais com os arautos da revolução, Pasternak tem dificuldade em realizar a fusão entre privado e público, que lhe parece necessária para a criação. Na carta que dirige a um russo que habita em Paris, Pasternak descreve uma situação sem saída. Os poetas soviéticos do seu tempo confrontam-se com um dilema vindo de fora: «Sofrer sem ilusão ou ter sucesso enganando-se a si próprios e enganando os outros.» ([94]) O próprio Pasternak tenta ora uma, ora outra via sem nunca ficar satisfeito.

O final dos anos 1920 é, para Pasternak, um período particularmente deprimente, pois a situação política na URSS degrada-se cada vez mais. Analisa a sua própria posição numa carta dirigida à sua prima e confidente, Olga Freidenberg. Durante a escrita do seu poema épico *Spektorski*, chegou a um momento em que tinha de descrever os acontecimentos posteriores à revolução, já não de um ponto de vista objetivo e exterior, mas «numa visão pessoal», «da maneira como vivemos tudo isso». Ora, «isto só pode ser interessante na condição de ser feito mais ou menos sinceramente». E é aqui que as coisas bloqueiam: na verdade, não gostou nada do que viveu. Eis o que vê em seu redor: «O terror recomeçou, sem as bases ou as justificações morais que tinha no tempo, enquanto florescem as negociatas, o carreirismo, os pequenos pecados sem brilho: porque há muito que já não são, e de longe, os santos e os puritanos que, no seu tempo, apareciam como os anjos da justiça punitiva.» ([95]) A ideia que Pasternak tem da revolução explica-se aqui: na altura em que eclodiu, podia-se reprovar o terror, mas, ao mesmo tempo, ver nele uma motivação moral; podia ser visto como uma punição justa dos antigos exploradores, e encarnava-se em indivíduos que se entregavam de corpo e alma à ideia de justiça. Ora, estes fanáticos da revolução, estes santos dispostos a morrer pelo seu ideal desapareceram e foram substituídos por pequenos carreiristas e especuladores, que só se preocupam com o seu próprio bem-estar. Assim, temos agora o pior dos dois mundos. Um terror ao serviço do egoísmo e do cinismo.

A população soviética sofre um novo choque em 1929-1930, quando o partido decide transformar simultaneamente a indústria e a agricultura do país, o que cria um caos incontrolável e, portanto, uma repressão acrescida de toda a resistência real ou imaginária. Encontramos um primeiro eco das punições infligidas aos camponeses resistentes à coletivização numa carta dirigida por Pasternak à sua irmã, que vive no estrangeiro. «Agora, todos vivem sob forte pressão, mas a restrição sob a qual decorre a vida dos citadinos é simplesmente um *privilégio* em relação ao que se passa nas aldeias. Nestas, impõem medidas de um significado imenso e secular.» Pouco mais tarde, no mesmo ano, Pasternak volta a aludir aos efeitos da coletivização, também numa carta dirigida ao estrangeiro, desta vez a Gorki: «Neste inverno, a aldeia está numa situação de privilégio gritante e sem a mínima justificação em relação ao que se fazia no campo, e os citadinos eram convidados a visitar as vítimas e a felicitá-las pelas suas perturbações e desgraças.» ([96]) Na mesma altura, na cidade, e mais particularmente nos meios intelectuais e artísticos, o poder começa a colocar no banco dos réus indivíduos que nada têm de criticável: ora, todos os que são declarados suspeitos são, depois, considerados culpados, e a culpabilidade é normalmente punida com a morte.

Na primavera de 1930, Pasternak tem a impressão de ter chegado a um verdadeiro impasse. Volta a confidenciar à prima: «Sou cada vez mais assombrado pela sensação do fim, e isto emana daquilo que existe de mais decisivo no meu caso, das minhas observações sobre o meu trabalho. [...] Sou incapaz de o prosseguir: não participei na criação do presente e não tenho por ele um verdadeiro amor. [...] Não tenho perspetivas, não sei o que será de mim.» ([97]) Para poder escrever, o poeta tem de estar em harmonia com o seu tempo; ora, Pasternak esforça-se, mas não se reconhece no tempo. Que fazer? Noutros momentos, porém, julga conseguir fazê-lo. No congresso dos escritores de 1934, no qual é honrado e lisonjeado pelos outros participantes, bem como nos meses que se seguem a este evento, tem a impressão de adquirir o ímpeto que o aproxima do seu tempo e do seu povo. Em finais de 1934, escreve ao seu pai: «Tornei-me uma parcela da minha época e do Estado, e os seus interesses passaram a ser os meus.» ([98]) No entanto, a sua participação forçada no congresso para a defesa da cultura, na primavera de 1935 em Paris, mergulha-o numa longa depressão.

Pasternak encontra a solução para este problema mudando de parceiro: o diálogo deve ser estabelecido não entre o poeta e o povo, mas entre o poeta e o tirano, o próprio Estaline! Na sequência de diversas circunstâncias, como a prisão de Mandelstam em 1934, escreve várias vezes pessoalmente a Estaline, o que provoca o famoso telefonema do guia supremo ao poeta ([99]). Esta conversa não satisfaz Pasternak, mas a sua própria existência passará a desempenhar o papel reservado ao salvo-conduto na época czarista: faça o que fizer, Pasternak deixará de ser importunado pelos Órgãos. De onde vem esta benevolência (rara) do tirano? Provavelmente, do respeito quase supersticioso que Estaline sente por aqueles que ele julga serem os mestres do verbo, os poetas (de que são testemunhas as perguntas insistentes que faz durante a conversa telefónica sobre Mandelstam: «Mas ele é um mestre?») Um respeito de princípio – pois não é de crer que tenha apreciado a poesia de Pasternak.

Quanto a Pasternak, esta benevolência provoca-lhe dois gestos de sentido contrário, que satisfazem em pleno, mas sucessivamente as duas exigências iniciais. Em primeiro lugar, escreve um poema, intitulado *O Artista*, que será publicado na imprensa oficial do regime em 1 de janeiro de 1936. É construído a partir da justaposição de duas personagens a quem, pelos vistos, se aplica igualmente o título de «artista». Uma é o poeta, descrito na primeira metade do poema. A segunda parte é dedicada a uma espécie diferente de artista: escondido por detrás de um muro antigo de pedras (o do Kremlin), vive «não um homem/mas uma atividade». O dirigente político, Estaline, é visto como um demiurgo, que constrói um mundo novo com toda a soberania, sem levar em conta qualquer limite imposto pelo exterior; e, nisto, assemelha-se ao artista, só que o seu material já não é constituído por palavras ou cores, mas pelos seres humanos e pelas instituições sociais. É um «génio do ato», «um ato do tamanho do globo terrestre». O artista e o dirigente político seguem caminhos paralelos, compõem, segundo a expressão de Pasternak, «uma fuga a duas vozes»: aquilo que o poeta tradicional realiza na sua imaginação, Estaline faz à escala da história mundial; inflete o destino da humanidade, a sua obra é o homem novo e a sociedade nova. Trabalhando nesta escala gigantesca, o guia ousa aquilo com que só os mais audazes podiam sonhar; não tem tempo para se preocupar com as necessidades e os desejos de cada indivíduo.

Podemos admirar Pasternak por ter sabido identificar com tanta perspicácia a via «artística» escolhida por Estaline no exercício das suas funções de guia político; mas não somos obrigados a partilhar da sua admiração por esse «artista» que dispõe do destino das pessoas como o escritor faz com as suas personagens, nem de assimilar os dois tipos de «artistas» ou imaginar a sua colaboração harmoniosa.

Por outro lado, depois de ter prestado assim homenagem ao seu protetor, Pasternak resolve libertar-se progressivamente de qualquer submissão à «ordem social», os dirigentes do país já não são vistos como porta-vozes legítimos do povo russo; o poeta decide passar a seguir apenas a voz da sua própria consciência. Esta via conduzi-lo-á, duas décadas depois, à publicação do seu romance, escrito com toda a liberdade interior, *Doutor Jivago*. Duas décadas durante as quais publicará muito poucas obras originais, vivendo essencialmente das suas traduções.

CAPÍTULO 3

A contrarrevolução cultural

O primeiro congresso dos escritores soviéticos, em 1934, consagra o desaparecimento de toda a pluralidade dos caminhos que conduzem os autores ao destino comum; o processo iniciara-se em 1932, com a decisão do partido de dissolver todos os grupos e movimentos literários e codificado pela fórmula de Estaline sobre os «engenheiros das almas humanas». Nos anos 1935-1936, começa uma nova terceira fase das relações entre poder político e práticas artísticas, que já não diz respeito à orientação ideológica das obras, mas aos meios artísticos pelos quais a servem.

O sinal da mudança encontra-se na fórmula que Estaline escreve numa carta que lhe fora dirigida e que reenvia a um dos seus subordinados, em finais de novembro de 1935. A carta inicial fora redigida por Lili Brik, durante muito tempo próximo de Maiakovski, e apresenta-se como uma queixa e um pedido de ajuda contra a indiferença manifestada a respeito da obra do poeta desaparecido. Estaline recomenda que se satisfaça o pedido de Brik e acrescenta o seguinte comentário: «Maiakovski foi e continua a ser o melhor e mais talentoso poeta da nossa época soviética. A indiferença a respeito da sua memória e das suas obras é um crime.» ([100]) Esta declaração será tornada pública na imprensa alguns dias depois e provocará numerosas reações nos meios artísticos, mas que se equivocam sobre o sentido da intervenção: Estaline não defende as opções estéticas de Maiakovski, mas declara que existe uma hierarquia única das criações artísticas, incluindo os meios utilizados, e que o estabelecimento desta hierarquia depende das competências do partido e do seu guia. Quem não concordar com este julgamento corre o risco de ser tratado como criminoso.

As consequências desta viragem revelam-se um mês depois com a publicação de um artigo anónimo (ou seja, que exprime uma posição oficial) no *Pravda*, dedicado à ópera de Chostakovitch *Lady Macbeth de Mzensk* e intitulado «Trapalhada em vez de música». Será seguido por outros artigos de conteúdo semelhante, sobre o *ballet* (a propósito de outra obra de Chostakovitch, *O Ribeiro Límpido*), o cinema, a arquitetura, a pintura, o teatro. Eisenstein é um dos alvos desta campanha, bem como Meyerhold e o seu teatro, e este ataque revelar-se-á fatal para o encenador, uma figura central para os artistas que aspiram a uma certa liberdade formal. A literatura está ausente desta série, pois já foi orientada na via do «realismo socialista»; seguem-se agora os congressos de unificação e de colocação das outras disciplinas artísticas sob tutela. O processo conclui-se em 1936, com a formação de um Comité de Estado de Todas as Artes, que será dirigido por um certo Platon Kerjentsev; este terá a tarefa de controlar a prática dos artistas soviéticos considerados insuficientemente submetidos. É significativo que o ataque inicial seja contra a música, em princípio a menos ideológica das artes; a «forma» participa agora das «ideias». Paradoxalmente, os novos alvos são precisamente os artistas que partilham das opções estéticas de Maiakovski. A contrarrevolução cultural venceu a batalha.

Chostakovitch: música e palavras

Dmitri Chostakovitch nasceu em 1906 numa família de convicções liberais, com o pai engenheiro; os seus dotes musicais levam-no ao conservatório, em 1919. Após a morte do pai, em 1922, o filho tem de ganhar a vida e trabalha como pianista de acompanhamento de projeção de filmes mudos. Os seus gostos artísticos orientam-no para os meios construtivistas, reunidos em torno de Maiakovski e da revista *LEF*; em 1927, vive na casa de Meyerhold, que o tomou sob a sua proteção. Compõe então várias obras importantes: após a *Primeira Sinfonia* (em 1926), a ópera *O Nariz* (a partir de Gogol). Em 1929, escreve a música para a peça de Maiakovski, *O Percevejo*, encenada por Meyerhold e com cenários de Alexandre Rodchenko.

Durante os anos seguintes, Chostakovitch compõe a sua segunda ópera, *Lady Macbeth de Mzensk*, inspirada num conto de Nikolai Leskov, que data da segunda metade do século XIX e narra os assassínios cometidos pela protagonista no seio da sua família. O sentido que Chostakovitch dá a esta história emerge claramente quando a comparamos com o conto de Leskov em que se inspira. O novelista russo descreve o destino de Katerina sem se demorar no seu meio. Sem fazer juízos morais, evoca os efeitos devastadores da paixão que se apoderou da jovem mal casada. Está disposta a tudo para satisfazer o seu desejo por Serguei, um dos empregados da casa: não só enganar o marido, mas também cometer um, e depois dois e três assassínios, antes de matar uma rival e de se suicidar ao mesmo tempo.

Chostakovitch, coautor do libreto da ópera, introduz um contraste violento entre Katerina, de quem toma partido, e todos os homens, representados como seres ridículos, desprezíveis e até odiosos. Com efeito, não são apenas os ricos e os poderosos que, como recomendaria a ideologia soviética da época, são representados desta maneira negativa. É verdade que os mercadores, defensores da ordem patriarcal, são cruéis e execráveis, mas o povo não é melhor: os empregados, os convidados para o casamento, ou os forçados a caminho da Sibéria. Os polícias são estúpidos e corruptos, mas o professor primário, que poderia ser o oposto deles, também é ridicularizado (episódios ausentes do conto). Serguei não é melhor que os outros, pois acrescenta a hipocrisia e a mentira aos seus outros vícios.

Katerina, pelo contrário, é apresentada como heroína. Chostakovitch explicou isto várias vezes, até na altura em que escreveu a ópera. «Ainda que Katerina seja a assassina do marido e do sogro, tenho simpatia por ela.» «Os assassínios que comete são uma revolta contra os que a rodeiam.» «Pessoalmente, vejo em Katerina uma mulher bela, vigorosa e hábil, que sucumbe ao lúgubre e cruel ambiente doméstico específico da Rússia.» Esta ópera, anuncia ele, destina-se a inaugurar uma trilogia, ou tetralogia, dedicada ao destino das mulheres na história russa. Mais tarde, acrescenta: «Katerina situa-se num nível mais elevado que os que a rodeiam... Está cercada de monstros... Em certas circunstâncias, o assassínio não é um crime.» Para preservar a pureza da sua heroína, omite alguns episódios comprometedores que figuravam no conto de Leskov: o assassínio do sobrinho do marido, herdeiro potencial da sua fortuna, ou o abandono do seu próprio filho.

Chostakovitch apresenta assim um contraste ausente em Leskov. Qualifica a sua obra como «trágico-satírica»: a sátira diz respeito à ordem reinante, encarnada pelos homens; a tragédia é a da mulher que se revolta contra os homens, mas que não pode vencê-los. O indivíduo que não leva em conta as regras da vida comum, que escuta apenas os seus desejos, é glorificado; a sociedade é ridicularizada e condenada. Leskov conta, com sobriedade, a história de uma pessoa perdida pela força do seu desejo; Chostakovitch faz o elogio de uma mulher que escolhe viver a sua paixão e perece sob os golpes de uma ordem masculina odiosa.

A segunda transformação operada por Chostakovitch diz respeito à própria natureza da revolta e ao que esta revela da identidade humana: talvez pela primeira vez na história da ópera, uma composição faz da sensualidade o tema central do enredo. A libertação do indivíduo passa pela sua realização sexual. O próprio Chostakovitch pensa o mesmo. Nas suas Memórias, afirma que a ópera era dedicada à sua noiva, por quem tinha uma paixão total ([101]). Na altura em que compunha a sua ópera, escreveu a um amigo íntimo: «Sinto-me muito bem, pois tenho aqui [...] a minha esposa [prazer do corpo e da alma) e não me falta mais nada. "Ela é-me tão doce" [citação de *Almas Mortas*]. Cada palavra, gesto ou gorgolejo do estômago dela enche-me de uma felicidade indizível.» ([102]) A sensualidade impregna toda a obra, do início ao fim, e tanto a personagem de Katerina como as dos homens.

Há um forte contraste com o mundo e o estilo de Leskov. Para verificar isto, basta comparar o momento do primeiro encontro sexual de Katerina e Serguei descrito nas duas obras: Chostakovitch coloca a cama em cena e ilustra musicalmente a curva do desejo masculino; Leskov limita-se a indicar que o silêncio do quarto era apenas cortado pelo tiquetaque regular do relógio «que nada impediu».

A estreia da ópera teve lugar ao mesmo tempo em Moscovo e em Leninegrado em 1934. O público russo percebeu de imediato a dupla mensagem de Chostakovitch: um elogio da liberdade individual, um apelo à insubmissão; e, ao mesmo tempo, um hino à sensualidade, inédito no contexto soviético. *Lady Macbeth de Mzensk* obteve um sucesso excecional nos dois palcos. Em dois anos, 1934 e 1935, a ópera é representada quase 100 vezes em Moscovo, e as mesmas em Leninegrado. O público mostra entusiasmo e a crítica é elogiosa. É «o primeiro clássico da ópera soviética». A obra é também representada no estrangeiro, sempre com sucesso (mas os jornais americanos acusam Chostakovitch de ser um «pornófono»).

Em janeiro de 1936, a ópera é encenada no teatro Bolshoi; Estaline assiste, acompanhado por vários membros do *Bureau* Político. No dia seguinte, é publicado o artigo do *Pravda*, uma condenação sem apelo da ópera. A crítica é dupla. A primeira diz respeito especificamente ao compositor e à sua música, acusados de «formalismo pequeno-burguês». Estes termos designam um distanciamento total em relação à tradição clássica no que diz respeito à melodia e à harmonia. As características formais são imediatamente traduzidas em termos sociológicos: a música à antiga dirige-se a todo o povo; a música moderna de Chostakovitch dirige-se a um grupúsculo de estetas. A segunda crítica dirige-se à interpretação do conto de Leskov. *Lady Macbeth de Mzensk* é acusado de naturalismo: dá demasiada importância à sensualidade. Todas as personagens se comportam de maneira «animal», o amor é representado nas suas formas mais «vulgares». O artigo, sem dúvida inspirado por Estaline, vê a mesma barbárie na cena em que Serguei é chicoteado, o que não deixa de ser interessante quando nos lembramos que Estaline, a partir de finais do mesmo ano de 1936, ordenará a tortura e a execução de centenas de milhares de pessoas. Mas é verdade que esta violência não se produz, como na ópera, «praticamente à frente dos nossos olhos».

Poder-se-ia considerar incoerente a associação destas duas críticas, uma vez que, em certos contextos, os termos «formalismo» e «naturalismo» têm sentidos com associações opostas. No entanto, no quadro da ofensiva cultural desencadeada por este artigo, os seus sentidos aproximam-se. Utilizado por vezes de maneira a incluir qualquer oposição à revolução e ao poder soviético, o termo «formalismo» designa, aqui, mais especificamente um trabalho sobre a forma que, no quadro de uma busca individual, se afasta das tradições estabelecidas. O artigo designa a mesma tara com o termo «esquerdista», pecado de que Meyerhold é também culpado, aqui mencionado: é estender a revolução a domínios em que não tem lugar, pois o povo gosta do que é simples e familiar. Ao mesmo tempo, o termo «esquerdista» permite indicar uma proximidade ideológica com Trotsky, acusado de estar à cabeça de um «oposição de esquerda» a Estaline. Quanto ao «naturalismo», vemos que o termo se refere essencialmente à representação do amor sensual e sexual, uma paixão que se apodera do indivíduo e o conduz a ignorar as leis que regem a vida social, chegando até ao ajuste de contas pessoal (o assassínio). A interpretação desta história por Chostakovitch é, portanto, a de um apelo à anarquia, à revolta individual contra a ordem reinante, ou seja, de um conflito entre o coletivo e o indivíduo: o do compositor contra as tradições musicais, o da sua heroína contra a ordem social. Por esta razão, a ópera será retirada de cena.

O artigo contém uma ameaça velada: «Esta brincadeira pode acabar muito mal.» Chostakovitch percebe bem a ameaça. Ao tomar conhecimento do artigo sobre a sua obra (encontra-se então na província), telegrafa àquele que considera o seu «caro e único amigo», Ivan Sollertinski: «Não faças nada antes do meu regresso.» Regressado a casa, escreve a Estaline pedindo-lhe uma audiência. Enquanto espera uma resposta, abstém-se de qualquer intervenção pública. No fim do mês, começa assim uma carta ao seu amigo: «Vivo silenciosamente em Moscovo. Não saio de casa. Espero um sinal.» E, no fim da carta: «Em geral, passo o tempo todo em casa. Espero» ([103]); Chostakovitch será recebido, não por Estaline, mas por Kerjentsev, responsável político pelos assuntos artísticos e provável autor do artigo sobre a sua obra ([104]), que lhe explica as conclusões que deve retirar desses acontecimentos; não tanto escrever cartas de arrependimento, mas reorientar a sua criação musical para torná-la mais acessível ao povo, libertar-se da influência dos «expressionistas ocidentais» (Mahler? Berg?) e familiarizar-se com o folclore musical camponês, tal como ainda se pode ouvir nas aldeias russas, ucranianas ou georgianas. E não deve lançar-se na escrita de uma nova ópera sem ter previamente submetido o libreto às autoridades ([105]). Em todo o caso, Estaline prefere claramente ter um compositor submisso a um compositor deportado ou morto.

Chostakovitch não vai estudar o folclore russo nas aldeias e retira as suas próprias conclusões da reprimenda que acaba de ouvir. Altera a ordem de prioridades para a execução ou a criação das suas obras musicais, privilegiando as que podem recolher a aprovação das autoridades. Assim, renuncia a escrever novas óperas sobre o tema da opressão das mulheres, termina a sua *4.ª Sinfonia*, mas resolve não apresentá-la em público, compõe uma *5.ª Sinfonia*, que espera que seja mais conforme aos gostos comuns (e tem razão), e escreve a música de vários filmes soviéticos (trabalho quase paralelo ao que Pasternak produz com as suas traduções de clássicos estrangeiros).

Chostakovitch, porém, não esquece o medo de morte que sentiu em finais de janeiro de 1936, quando esperava no quarto, de mala na mão, que o fossem deter. Toma então uma decisão mais grave: adotar duas estratégias muito diferentes para as suas comunicações futuras com o mundo exterior, conforme estas passem pelas palavras enunciadas em público ou pela música.

No que diz respeito ao primeiro caso, opta pela submissão total às exigências das autoridades. Assina as cartas coletivas que lhe enviam, publica na imprensa artigos cujo conteúdo lhe é sugerido por outros, pronuncia nas reuniões oficiais discursos que não escreveu. Até aceita compromissos duradouros: em 1947, torna-se deputado do Soviete Supremo; em 1960, é eleito secretário da União dos Compositores; a partir de 1961, será membro do Partido Comunista. Do mesmo modo, não lhe repugna dar títulos conformistas às suas obras: *O Ano 1917*, *Poema da Pátria*, *O Sol Brilha Sobre a Nossa Pátria*, ou escrever um *Juramento ao Comissário do Povo* para coro e orquestra, ou uma *Marcha da Milícia Soviética*... É uma forma extrema de ventriloquia: enuncia palavras das quais não é o autor.

É preciso dizer que desde há muito que já pratica outra forma deste discurso: nas conversas ou nas suas cartas a amigos próximos, como Sollertinski, formula muitas frases não em nome próprio, mas como citações de outros autores; por exemplo, expressões irónicas de Gogol, que ele parece conhecer de cor. Noutros casos, são chavões omnipresentes, cuja própria banalidade incita a que não sejam levados à letra. Por exemplo, escreve a um amigo: «Leio muito. Não há dúvida de que a leitura de livros nos dá um alimento infinito para o espírito e para o coração», sem ter necessidade de assinalar que esta frase não exprime a sua opinião, mas constitui uma réplica da ópera *Eugene Oneguine*. Noutra carta, escreve: «Ontem tive a imensa felicidade de assistir à sessão de encerramento do congresso dos stakhanovistas. [...] Fiquei cativado pelo discurso de Vorochilov, mas, depois de ter ouvido Estaline, perdi completamente as estribeiras e gritei "Hurra!" com toda a sala e aplaudi interminavelmente. [...] Foi, obviamente, o dia mais belo da minha vida: vi e ouvi Estaline.» ([106]) Após a rutura introduzida na sua vida pelo artigo *Trapalhadas*..., parece ter estendido a aplicação deste procedimento verbal, que Gogol usava muito, a todas as suas intervenções públicas.

A música, em contrapartida, é um domínio no qual evita os compromissos ao máximo. À parte de algumas encomendas pontuais, prossegue a criação da sua obra como entende, e a música que compõe é programática, tem um sentido determinado, ainda que nenhuma palavra o indique. Por vezes, para orientar a interpretação das audiências, introduz na sua obra citações musicais retiradas de outras obras, em que o sentido pode ser identificado com mais certeza. Outras vezes, indica isso por uma palavra ambígua, como quando evoca as «vítimas do fascismo», pois é possível incluir também as vítimas do estalinismo neste conjunto. Também deixou comentários mais explícitos, como, por exemplo, no seu *Quarteto de Cordas n.º 4*, muito mais tardio (1960: «Um quarteto ideologicamente condenável [que] decidi escrever em minha memória. [...] Utilizei os temas das minhas diferentes composições e o canto revolucionário *Vítimas de Terrível Prisão*. [...] Apresento aí um canto russo em memória das vítimas da revolução.» ([107])

A estratégia adotada por Chostakovitch revela-se certa: em 1941, recebe o prémio Estaline de primeira classe, sinal de que foi perdoado e reintegrado no seu lugar; também sinal de que a música não pode ser enquadrada de forma tão estrita como a literatura ou o cinema. Isto não impede que Chostakovitch volte a ser atacado em 1948 e mais tarde. Por outro lado, sacrifica alguma coisa: é a sua identidade de homem público. Para todos os efeitos, aos olhos dos seus contemporâneos soviéticos, comporta-se como servo fiel do regime, que faz tudo o que pode para reforçá-lo e glorificá-lo. O facto de pensar o contrário do que diz é ignorado pela população do seu país. Não se pode dizer que o verdadeiro Chostakovitch condene o regime enquanto aquele que o serve é um falso: são dois papéis que desempenha de forma alternada, para públicos diferentes, tentando mantê-los tão separados quanto possível, até à esquizofrenia.

A estratégia que escolheu salvou-lhe a vida, mas teve um preço alto. Uma máscara usada durante anos torna-se um rosto. A morte de Estaline, em 1953, não significa uma libertação para Chostakovitch. No entanto, após esta data, as pessoas podiam, se não exprimir-se livremente, manter-se honestas consigo próprias sem temer pela sobrevivência. É assim que se comportará o grande escritor Vassili Grossman, contemporâneo de Chostakovitch e autor de *Vida e Destino*: depois de 1953, renunciará aos favores e às honras do regime para poder escrever a sua grande obra. Por coincidência, o nome de Grossman aparece pela primeira vez nos relatórios dos Órgãos quando recolhem as opiniões negativas dos escritores sobre o artigo *Trapalhadas*... Grossman terá dito ao informador:

«Na minha opinião, esses artigos não deviam ser escritos. A sorte reservada a Chostakovitch é excessivamente dura...» ([108])

Eisenstein, quem ganha, perde

Serguei Eisenstein nasceu em 1898, adere à causa da revolução de Outubro e alista-se no Exército Vermelho. Mais tarde, desenha cenários de teatro e inscreve-se nos cursos de Meyerhold, de quem admira o trabalho. Reconhece-se nas opções estéticas dos construtivistas, dos amigos de Maiakovski e da revista *LEF*, cujo apoio ao poder soviético é tão incondicional quanto o do grupo rival dos «proletários», mas que são mais radicais no plano artístico. Eisenstein trabalha em encenação e, depois, vira-se para o cinema. Considera que o objetivo da obra de arte deve ser não o conhecimento e a representação do mundo, num modo descritivo e narrativo, nem a expressão da interioridade do autor, mas uma certa ação exercida sobre os espectadores: a obra de arte é um conjunto de estímulos que produzem efeitos no espírito do público, pouco importando a natureza dos meios convocados para alcançar o seu objetivo. As personagens das suas obras não serão indivíduos (o interesse pelas características individuais é por ele visto como resquício burguês), mas tipos, categorias encarnadas, heróis míticos e lendários. Os seus filmes, *A Greve*, *O Couraçado Potemkin* (sobretudo), *Outubro* (sobre a tomada do poder pelos bolcheviques), são perfeitamente conformes à ideologia dominante, mas suscitam algumas reservas de ordem estética nos responsáveis administrativos pelas artes. O filme seguinte, *A Linha Geral*, sobre os começos da coletivização, é mais contestado.

Em 1929, Eisenstein, acompanhado por dois colaboradores, parte numa longa digressão pelo Ocidente (Alemanha, França, Estados Unidos). A experiência é fértil, mas o realizador não consegue concluir nenhum dos seus projetos. Convocado através de um telegrama de Estaline, o grupo regressa à URSS em 1932. A reputação de Eisenstein é enorme, mas também suscita muita inveja e animosidade. A centralização da indústria cinematográfica está em curso e o seu diretor, Chumiatski, é hostil a Eisenstein. Para recuperar o seu lugar no primeiro nível, Eisenstein tem de realizar uma nova obra, que seria o seu primeiro filme sonoro. Fora criticado por ignorar a realidade soviética contemporânea; decide então tratar um tema quente de atualidade, o conflito que opõe os defensores do *kolkhoze* (empresa coletiva) aos *kulaks* (individualistas), grande tema da política e da propaganda soviéticas da altura. Há um episódio muito noticiado (já evocado a propósito de Babel) que lhe chama particularmente a atenção. Um rapaz de treze anos, Pavlik Morozov, membro da organização dos «pioneiros», descobre que o seu pai, *kulak*, sabota a atividade do *kolkhoze* e denuncia-o às autoridades, que lhe dão ordem de deportação; por seu lado, Pavlik é morto por outros membros da sua família. A atitude do rapaz é dada como exemplo a todos os miúdos da URSS: o seu apego ao Estado soviético foi mais forte que os laços familiares.

Eisenstein considera que o tema é inatacável e, ao mesmo tempo, atrai-o pelas suas ressonâncias mitológicas, graças ao tema do parricídio e do infanticídio (Abraão e Isaac, Agamémnon e Ifigénia), que o emociona pessoalmente. Desenvolve o argumento, o projeto é aprovado pelas autoridades e a rodagem pode começar. Contudo, em finais de 1935, Chumiatski e os outros dirigentes do cinema soviético declaram-se renitentes, criticam o trabalho já feito por ser demasiado fiel ao estilo de Eisenstein, acham-no demasiado teatral, o filme contém demasiadas referências a personagens bíblicas (demasiadas barbas!), simbolismo a mais e realismo a menos. Algumas das correções sugeridas dizem respeito ao essencial da história: o jovem herói não poderia ficar vivo?

O momento não é propício a manifestações de independência: em janeiro de 1936, surgiu o artigo do *Pravda* a estigmatizar Chostakovitch, seguido por ataques paralelos às outras artes; no mesmo ano, iniciou-se o primeiro dos grandes «processos de Moscovo», o de Zinoviev e de Kamenev; os cineastas soviéticos, incluindo Eisenstein, assinaram uma carta aberta reiterando a sua admiração por Estaline e pedindo uma punição severa dos criminosos. Entretanto, Eisenstein conseguiu que o autorizassem a filmar uma segunda versão do seu filme, com o argumento revisto por Babel, amigo do realizador, que tivera o projeto de rodar um filme a partir do livro *Cavalaria Vermelha*; sem disso terem consciência, os dois amigos são alvo da vigilância dos Órgãos.

Na primavera e no outono de 1936, faz-se a rodagem da segunda versão do filme. Após uma pequena trégua, segue-se uma nova salva de críticas: o conflito narrado no filme não tem contexto sociológico, parece uma história vinda da noite dos tempos (o que, provavelmente, corresponde à intenção de Eisenstein). As acusações agrupam-se sob o termo «formalismo», que se tornara perigoso e sinónimo de contrarrevolução: «um tratamento claramente formalista», «solução formalista dos problemas de criação», «tendências para o formalismo», «um formalismo não expurgado»... Conclusão geral de Chumiatski: é preciso abandonar este «filme fundamentalmente pernicioso e nocivo» ([109]). O administrador envia ao primeiro-ministro uma denúncia do autor do filme, comparável à que o dirigente da União dos Escritores dedicara a Mandelstam e que o conduzira à deportação. No entanto, desta vez, o resultado é o oposto: Eisenstein não é incomodado, pois o caso é resolvido de maneira muito diferente pelo *Bureau* Político. Pedem a Chumiatski que «utilize o camarada Eisenstein, atribuindo-lhe uma tarefa (um tema), verificando o seu argumento, etc.» ([110]). A razão desta clemência é que, provavelmente, Eisenstein continua a ser considerado utilizável, devem lembrar-se do enorme benefício simbólico que *O Couraçado Potemkin* deu à causa soviética. Chumiatski limita-se a apreender e a destruir as bobinas do filme. O epílogo desta história é surpreendente: enquanto Eisenstein é poupado, o zeloso dirigente do cinema soviético é encarcerado e, pouco depois, fuzilado como «inimigo do povo». É acusado, entre outras coisas, de ter sido demasiado benevolente em relação ao filme *O Prado de Bejine*...

Com efeito, Eisenstein fará o seu melhor para se tornar útil. Aceita rodar um filme patriótico sobre Alexandre Nevski, príncipe russo do século XIII que venceu uma batalha contra os cavaleiros teutónicos, com argumento do escritor Pavlenko, que é provavelmente um agente dos Órgãos; o texto será controlado diretamente por Estaline. O cineasta publica na imprensa vários artigos de inspiração patriótica, em glória de Estaline e do Estado soviético. Em 1940, é promovido a diretor do Mosfilm, o grande estúdio de produção cinematográfica em Moscovo. Entretanto, vários dos seus próximos, como Babel, Tretiakov ou o seu mestre Meyerhold, são detidos, julgados e executados. Eisenstein não se manifesta, mas guarda em sua casa os arquivos de Meyerhold, salvando-os assim da destruição.

Durante a guerra contra a Alemanha, o filme sobre Nevski volta a ser projetado nos ecrãs soviéticos (fora retirado de circulação durante os anos do pacto germano-soviético, 1939-1941) e Eisenstein pode entregar-se a outro projeto de ressonâncias patrióticas no qual tem vindo a pensar, ligado ao czar Ivan, *o Terrível*, que, no século XVI, conseguiu reunir todos os principados russos num único Estado. O tema atraíra Eisenstein por várias razões: ao estabelecer um paralelo entre a história russa do século XVI e a da época estalinista, pensa poder exprimir as suas reservas sobre o regime contemporâneo e, ao mesmo tempo, elogiar o ditador presente. O contexto da guerra torna a rodagem difícil, mas a vertente patriótica do projeto assegurar-lhe-á uma aceitação favorável. Eisenstein concebe-o como uma série de dois e, depois, três filmes: o primeiro contaria a ascensão de Ivan ao poder, o segundo o seu combate contra os boiardos, os feudais que querem conservar os seus privilégios; a luta é liderada por Ivan com o auxílio dos *oprichniki*, a força armada que criou e que está diretamente ao seu serviço (como em *O Prado de Bejine*, os laços escolhidos pela pessoa são valorizados em relação aos laços herdados). A terceira parte relataria as batalhas contra os inimigos externos da Rússia e, ao mesmo tempo, as dúvidas e os arrependimentos que crescem no espírito de Ivan após as suas primeiras vitórias.

A primeira parte do filme é rodada em 1943-1944; Estaline vê-a e aprova. Podemos compreendê-lo: tal como Estaline, o Ivan do filme justifica todos os seus atos por uma única ideia, que consiste em assegurar o poder forte do Estado unificado; tal como ele, persegue os seus potenciais rivais (os boiardos) e, aos antigos próximos, prefere os recém-chegados que tudo lhe devem. Tal como o líder soviético, é impiedoso e não hesita em mandar cortar a cabeça daqueles a quem acusa de traição. O filme recebe o prémio Estaline e é um triunfo público.

A segunda parte é filmada em 1944-1945; na primavera de 1946, Eisenstein escreve a Estaline pedindo-lhe a sua aprovação. No entanto, Estaline não gosta do segundo filme e exprime as suas reservas numa reunião da direção do partido. A crítica que faz é dupla: Eisenstein não apesentou os *oprichniki* numa luz suficientemente positiva; e o próprio Ivan revela fraquezas inadmissíveis: «Ivan, *o Terrível*, era um homem de vontade, de carácter, enquanto, em Eisenstein, é uma espécie de Hamlet sem vontade.» ([111]) O realizador sacrificou a exigência de verdade às suas veleidades formalistas. Estaline percebeu bem as tentativas de Eisenstein de matizar o retrato do czar e dos executantes das suas baixas ações, para dar lugar a algumas reservas e dúvidas, e ele queria que desaparecessem. Resultado: a projeção do filme não é autorizada.

Seis meses depois, Eisenstein e o ator que desempenhou o papel de Ivan (e que já representara Nevski) são chamados ao Kremlin para uma reunião com o guia supremo, acompanhado nesta ocasião por dois servos fiéis, Molotov e Jdanov. Eisenstein deixou-nos uma transcrição da reunião. Estaline repete as suas críticas anteriores: os *oprichniki* não são suficientemente valorizados, Ivan é representado como um Hamlet hesitante (duas censuras pouco justificadas aos olhos do espectador imparcial de hoje). Segundo Estaline, Ivan foi grande porque manteve à distância as potências estrangeiras, porque submeteu as atividades do país a um controlo total; neste sentido, é um precursor do Estado totalitário (Estaline não usa este termo). O mesmo em relação ao monopólio do comércio externo: «Ivan, *o Terrível*, foi o primeiro a introduzi-lo. Lenine foi o segundo.» Se Estaline tem algumas reservas a respeito do czar, são de outra natureza: «Ivan, *o Terrível*, foi muito cruel», prossegue ele. «É preciso mostrar por que razão é necessário ser cruel. Um dos seus erros foi não ter degolado todos os membros das cinco grandes famílias feudais. [...] Devia ter sido mais decidido.» ([112])

Em conclusão, Estaline pede ao realizador e ao ator que trabalhem numa versão melhorada da continuação de *Ivan, o Terrível*. Eisenstein, já doente e diminuído, acabaria por falecer em 1948, sem ter seguido esta recomendação. As cenas rodadas da terceira parte foram destruídas; a segunda parte foi projetada publicamente pela primeira vez em 1958, dez anos depois da morte do realizador.

A história da interdição dos dois filmes, *O Prado de Bejine* e *Ivan, o Terrível*, tem um desenrolar paralelo. Nos dois casos, Eisenstein pensa ter encontrado a solução correta para as suspeitas do poder: escolhe como ponto de partida o episódio incontestável de Pavlik Morozov ou a repressão dos boiardos pelo czar Ivan, *o Terrível*, que ele está certo de que agradará a Estaline. No entanto, as suas exigências artísticas levam-no a enriquecer a trama da narrativa com outros elementos: o pano de fundo mitológico e lendário do infanticídio, a ambiguidade nas reações do czar. Estaline ou os seus servidores não deixam de ligar estes elementos estranhos aos seus desígnios e apressam-se a condenar todo o trabalho feito, a exigir incessantemente novas correções, até que o realizador baixe os braços. A lagartixa de Bulgakov pode aceitar perder a cauda para salvar a vida, mas chega um momento em que os sacrifícios pedidos estão acima das suas forças, e ele não quer ser visto como uma lesma.

CAPÍTULO 4

Necrologia

Boris Pilniak, nome de nascimento Vogau
(29.9.1894 – 21.4.1938)

Detido em 1937, será acusado de ser contrarrevolucionário, terrorista e espião. Logo depois de ter recebido a sua acusação, começa a redigir os seus depoimentos nos quais admite a maioria dos delitos de que é acusado. Com grande lucidez e resignação, conta neles a sua vida durante as duas últimas décadas. Na altura do processo, confirma todos os seus depoimentos. É condenado à morte em 20 de abril de 1939 e fuzilado no dia seguinte. Os manuscritos que lhe foram confiscados no momento da sua detenção, nomeadamente um romance quase concluído sobre a revolução russa, desapareceram.

Abram Lejnev, nome de nascimento Gorelich
(junho de 1893 – 21.11.1938)

Fizemos-lhe uma breve referência como comentador dos livros de Babel. Nos anos 1920, faz parte do grupo Pereval

(A Garganta), do qual é um dos teóricos e, nesta condição, entra em polémicas com outros grupos, como os construtivistas e a revista *LEF* ou os escritores proletários. Em 1936, diante de um informador, exprime a sua reprovação da condenação da ópera de Chostakovitch. O delator resume assim o seu discurso: «O horror de qualquer ditadura consiste no facto de o ditador fazer tudo o que a sua perna esquerda quiser. [...] Penso que a reação contra Chostakovitch pertence à mesma ordem que os livros queimados na Alemanha. [...] Temos muitos pontos em comum com os Alemães, ainda que tenhamos vergonha deste parentesco.» ([113]) Esta assimilação dos dois regimes totalitários é então vista como criminosa. O responsável que leu esta denúncia sublinhou o nome de Lejnev e destacou esta passagem. Dois anos depois, Lejnev será condenado à morte e fuzilado.

Osip Mandelstam
(15.1.1891 – 27.12.1938)

Detido uma primeira vez em maio de 1934, será relegado para Voronej durante três anos. Voltará a ser preso, em maio de 1938, por denúncia do secretário da União dos Escritores, que pede aos Órgãos que «resolvam o problema de Osip Mandelstam». Na prisão, Mandelstam não se reconhece culpado de atividades antissoviéticas. Em agosto de 1938, é condenado a cinco anos de deportação. Em outubro, chega a um campo de trânsito perto de Vladivostoque, no extremo oriente da Sibéria. O seu estado de saúde impede que o mandem para um campo de trabalho. Em 27 de setembro, é conduzido para umas barracas vizinhas a fim de ser submetido a uma sessão de limpeza de piolhos; aí, perde a consciência e morre de «paragem cardíaca».

Isaac Babel
(13.7.1894 – 27.1.1940)

Preso em 20 de junho de 1939, é acusado, como habitualmente, de comportamento antissoviético, atos terroristas, espionagem e contactos com inimigos da União Soviética (em particular, André Malraux e alguns trotskistas). Nos seus depoimentos pormenorizados, Babel narra a sua vida sem se afastar muito da verdade, exceto no que diz respeito às suas relações com outros acusados («confissões» provavelmente arrancadas sob tortura). No entanto, no final do seu interrogatório, em outubro de 1939, pede para fazer uma declaração. «Caluniei certas pessoas e fiz declarações falsas sobre uma parte da minha atividade terrorista.» Acusou erradamente alguns dos seus conhecidos e pede várias vezes para voltar a ser ouvido. «As minhas confissões contêm afirmações incorretas e fictícias que imputam atividades antissoviéticas a pessoas que trabalham honestamente e com abnegação para o bem da URSS. A ideia de que as minhas palavras podem prejudicar diretamente a minha pátria causa-me sofrimentos indescritíveis. Considero que o meu primeiro dever é libertar a minha consciência desta mancha horrível.» Escreve uma nova carta em janeiro de 1940: «A ideia de que as minhas confissões não servem para a determinação da verdade, mas induzem a instrução em erro, atormenta-me incessantemente.» No processo, que teve lugar em 26 de janeiro de 1940, declara: «Todas as minhas confissões, durante a instrução, são mentiras.» As suas últimas palavras: «Não sou culpado de nada [...]. No meu depoimento, caluniei-me a mim próprio.» ([114]) É condenado à morte e fuzilado no dia seguinte.

Vsevolod Meyerhold
(10.2.1874 – 2.2.1940)

Detido em 20 de junho, é acusado dos mesmos crimes que Babel (são interrogados pelos mesmos oficiais dos Órgãos, as suas «confissões» deviam provavelmente servir para o mesmo processo político, mas que não chegou a ser realizado). Acerca do desenrolar da sua detenção, dispomos não só dos textos dos interrogatórios e das minutas do processo, mas também das cartas que, da prisão, Meyerhold enviou a Molotov, presidente do Conselho, e a Beria, comissário para os Assuntos Internos. Podemos ler aí a descrição pormenorizada – e rara – das torturas a que sujeitavam as pessoas de quem queriam arrancar confissões. Bateram-lhe durante muito tempo com uma matraca de borracha. Após o que, «estendido no chão, o rosto virado para baixo, percebi que tinha a capacidade de me enroscar e de soltar ganidos agudos, como um cão chicoteado pelo seu dono». À ideia do recomeço deste processo, prefere «confessar». «Oh. Declarar-me culpado, sim, mais vale a morte que tudo isto! – Foi o que eu disse a mim próprio, e dei então curso livre às minhas acusações falsas contra mim próprio, esperando que isso me conduzisse ao cadafalso.» Em novembro de 1939, terminados os interrogatórios, Meyerhold recupera o espírito e dirige ao procurador do tribunal uma retratação na qual, como Babel, inocenta todas as pessoas que caluniara sob tortura. A acusação não leva isso em conta. O seu processo realiza-se em 1 de fevereiro de 1940. Declara então que «as afabulações que contou durante a instrução explicam-se pelo facto de ter sido espancado». As suas últimas palavras são: «Não acredita em Deus, mas na verdade; acredita porque a verdade triunfará.» ([115]) É condenado à morte e fuzilado no dia seguinte.

Marina Tsvetaieva
(26.9.1892 – 31.8.1941)

Tsvetaieva não foi executada pelos Órgãos, não foi encarcerada nem deportada; no entanto, a sua morte é o efeito da ação conjunta dos dois sistemas totalitários do seu tempo, o comunismo e o nazismo. Emigrada com a família em França, descobre que o marido, russo «branco», trabalha há vários anos como agente secreto dos Órgãos soviéticos e que está implicado no assassínio de outro antigo agente russo; ele tem de fugir para a URSS em outubro de 1937, onde se junta à filha Alia, que regressara a Moscovo seis meses antes. Sozinha em França com a filha menor, rejeitada pelos meios da emigração como mulher de um agente da polícia soviética, Tsvetaieva volta à URSS com a filha em junho de 1939. A família fica reunida, mas por pouco tempo. Alia é presa em finais de agosto do mesmo ano. O pai, antigo tchekista, segue o mesmo caminho em inícios de outubro. São ambos acusados de espionagem ao serviço da França. Alia é enviada para o campo durante oito anos, o seu pai é condenado à morte. Entretanto, Tsvetaieva sobrevive graças a pequenos trabalhos de tradução. Em junho de 1941, os exércitos nazis invadem a Rússia; em agosto, os escritores e as suas famílias são retirados de Moscovo, ameaçada pelo invasor, e levados para algumas localidades perto dos Urais. Tsvetaieva junta-se a estas famílias, chega à aldeia tártara de Elabuga e procura trabalho (nomeadamente a lavar louça na cantina dos escritores), que lhe é recusado, pois, como mulher de um inimigo do povo, não é considerada digna de confiança. Sem esperança de poder alguma vez retomar o seu trabalho de escritora, suicida-se ([116]).

Estas seis pessoas, que figuram entre aquelas das quais seguimos parte do percurso, fazem parte de um número muito maior de vítimas do meio dos artistas criadores que pereceram nas vésperas ou no início da Segunda Guerra Mundial; juntam-se a outras das nossas personagens mortas anteriormente em circunstâncias ligadas ao regime: Blok em 1921, Maiakovski em 1930, Gorki em 1936. O Estado soviético é infinitamente mais poderoso que um simples indivíduo, não tem qualquer dificuldade em condenar à morte ou a uma forma de inexistência social as pessoas que não lhe convêm. A luta é demasiado desigual. A resistência direta, como vimos, é quase impossível; as estratégias de adaptação face ao poder permitem, no melhor dos casos, a sobrevivência física (como nos casos de Zamiatine, Bulgakov, Eisenstein, Pasternak e Chostakovitch), mas não a livre expressão do criador.

Que balanço fazer sobre a eficácia destas estratégias a partir da amostra de itinerários aqui evocada? Desde logo, temos de admitir que os seus resultados são diminutos. Os que partem para a emigração, Bunine, Tsvetaieva, Zamiatine e até Gorki, deixam de ser ouvidos no interior da URSS. Os que pensam que o criador deve ser totalmente sincero na expressão dos seus sentimentos, como Blok, Babel ou Pasternak, reduzem-se a si próprios ao silêncio. As tentativas de aproximação ao programa oficial, preservando uma voz original, não duram muito; Maiakovski, Meyerhold, Bulgakov e Eisenstein veem os seus projetos contrariados. Para poder continuar a criar música de acordo com as suas próprias exigências, Chostakovitch é obrigado a protegê-la com uma cortina de palavras submissas. São todos queimados pela chama vermelha de Outubro.

Como as reações dos responsáveis políticos, de Estaline ou dos seus subordinados, nem sempre são ditadas por uma lógica rigorosa, qualquer conclusão sobre o destino destes autores permanece sujeita a caução. A alternância de gestos de insubmissão e de conformismo não reforçou claramente a posição de Pilniak; a de Babel ficou provavelmente fragilizada, mais pela sua proximidade com os dirigentes tchekistas, que o arrastaram na sua queda, do que pelo seu silêncio de escritor. Os dois escritores acabam, assim, por ser condenados à morte e executados nas suas prisões. O «esquerdismo» político de Meyerhold não o protegeu; aquilo que contribuiu para a sua perda foi provavelmente a sua tendência para se mostrar sempre na luz da ribalta, para lembrar a sua existência aos dirigentes. O ato de desafio de Mandelstam leva-o ao gulag, onde definha depressa, pois esta punição equivale a uma pena de morte. Bulgakov não conheceu este destino funesto, mas as suas tentativas de obter a aprovação do poder conduzem-no a compromissos em relação às suas posições nos anos 1920. Eisenstein e Chostakovitch pagam caro a sua sobrevivência física; um aceitando desempenhar um papel de propagandista do regime, o outro praticando um desdobramento esquizofrénico da sua pessoa pública. Zamiatine e Pasternak são os que se safam melhor, mas por meio de uma evasão: o primeiro emigra para Paris, o segundo fecha-se numa espécie de emigração interior, concentrando-se nas suas traduções e (após a guerra) não procurando publicar o que escreve. Apesar destas resistências, a máquina totalitária prossegue a sua marcha triunfal.

Contudo, o período inaugurado pela revolução de Outubro de 1917 terminará em finais de 1990 com o desmoronamento do regime comunista e, poder-se-ia dizer, a vitória, ainda que póstuma, das antigas vítimas. Como Meyerhold previra no último dia de vida, a verdade triunfaria. As obras destes criadores, vilipendiadas na altura do seu aparecimento ou interditadas de existência pública, continuaram a agir, mesmo após a morte dos seus autores, para dar a sentir aos novos leitores ou espectadores que outra via é possível, para educá-los num pensamento livre e crítico, para incitá-los à resistência. Como Zamiatine escrevia em junho de 1918, nesta época o adversário talvez mais lúcido do regime totalitário: «A palavra livre é mais forte que milhares de pessoas armadas, legiões, polícias ou metralhadoras. E eles sabem-no bem, os que hoje governam e de forma provisória. Sabem-no: a palavra livre abrirá um caminho...» E, dez anos depois, acrescentava: algumas palavras são como dinamite. «A única diferença é que um pedaço de dinamite só explode uma vez, enquanto um livro – mil vezes.» ([117]) *Nós*, do mesmo Zamiatine, é um destes livros-bomba. Apesar de ter permanecido inédito na URSS, não é desconhecido dos leitores (prova disso são certas alusões de Pasternak) e também agiu de forma indireta, pois Orwell leu-o e comentou-o antes de escrever *1984*, um dos instrumentos intelectuais mais poderosos na luta contra o totalitarismo.

Na própria União Soviética, foi preciso esperar pela morte de Estaline em 1953 e pelo fim do período mais exacerbado de terror para vermos surgirem obras que participam nesta luta. A título de exemplo, citarei aqui três destas obras. Em 1955, Pasternak conclui o seu romance *Doutor Jivago*, no qual trabalha desde há dez anos. As suas tentativas de publicar o romance na sua pátria não resultam e envia-o para o estrangeiro, onde é publicado em 1957 (como o haviam feito, nos anos 1920, Zamiatine, Pilniak e Bulgakov). No ano seguinte, o livro recebe o prémio Nobel, é um êxito mundial e penetra também na URSS através de inúmeros desvios. O romance de Pasternak não é um livro contrarrevolucionário nem anticomunista, mas, em todas as páginas, mostra a escrita de um homem livre, que não se preocupa nada com a opinião dos seus censores; em cada uma das suas frases, afirma que a liberdade do espírito é possível, aqui e agora.

Em 1959, outro escritor conclui o livro no qual trabalha desde há vários anos: trata-se de Vassili Grossman e do seu romance *Vida e Destino*. Neste caso, é uma obra que, através da história de várias famílias soviéticas no tempo da Segunda Guerra Mundial, coloca o regime comunista no centro da sua atenção. Além disso, fá-lo desenvolvendo longamente o paralelo entre o Estado soviético e o Estado nazi, pelo qual Lejnev pagara com a vida. Como no *Doutor Jivago*, as revistas contactadas recusam publicar este texto inflamatório; as autoridades apreendem o manuscrito e o secretário do partido convoca Grossman. Não o manda para a prisão, os tempos mudaram, mas diz-lhe: «Por que razão acrescentaríamos o seu livro às bombas atómicas que os nossos adversários preparam contra nós? A sua publicação ajudaria os nossos inimigos. [...] Não ignora o enorme mal que nos causou o livro de Pasternak. Para todos os que leram o seu livro ou que tomaram conhecimento das notas de leitura, é absolutamente evidente que *Vida e Destino* é um texto infinitamente mais nocivo e perigoso para nós que *Doutor Jivago*.» ([118]) Para o secretário do partido, um pouco como para Zamiatine, os livros são como dinamite, devemos temê-los, tanto mais que o mesmo livro pode explodir milhares de vezes... Nada esmorecido, Grossman prossegue a sua luta com um segundo texto, não menos perigoso para o regime, intitulado *Tudo Passa*. Morre em 1964, antes de ter visto as suas obras publicadas, o que acontecerá na Europa Ocidental: *Tudo Passa* em 1970, *Vida e Destino* em 1980; e, na Rússia, só em 1988, na altura da «perestroika». Estas obras permitem que os seus leitores compreendam melhor o mundo em que viveram.

Em 1962, é publicado numa revista, na União Soviética, um pequeno romance intitulado *Um Dia na Vida de Ivan Denisovich*, de um autor desconhecido, Alexandr Soljenitsin. O dia em questão passa-se num campo de trabalho, para onde o protagonista do conto foi deportado. O seu quotidiano é descrito numa linguagem sóbria e precisa, sem qualquer digressão «teórica», o que contribui provavelmente para a sua força de persuasão. Sem o dizer abertamente, o autor produziu com esta narrativa um terrível ato de acusação contra o regime responsável por este mundo dos campos de trabalho forçado. Após a publicação, Soljenitsin resolve escrever uma apresentação global do sistema concentracionário soviético, daquilo a que chamará «o arquipélago do gulag», uma história e uma geografia do sistema repressivo do seu país. Recebe numerosas cartas de antigos deportados, consulta outros documentos e dá início ao trabalho. A redação desenrola-se entre 1964 e 1966. O livro é publicado em russo – mas no Ocidente – em 1973, o que provoca a expulsão do seu autor da URSS em inícios de 1974. As feridas que o livro inflige aos fundamentos ideológicos do regime e à sua legitimidade são profundas e não cicatrizarão.

No século anterior, a ideia revolucionária exerceu atração na Rússia, na Europa e em grande parte do resto do mundo, da Coreia até Cuba. Até aqueles que sofreram os seus golpes, como Meyerhold ou Babel, devotam-lhe, até aos seus últimos instantes, uma grande admiração, veem-se como suas vítimas inocentes e não como seus culpados cúmplices; serão devorados pela revolução, mas, antes disso, foram por ela formados. Nadejda Mandelstam, a viúva do poeta, testemunha privilegiada da revolução russa e dos seus desenvolvimentos, observa: «O papel determinante na subjugação dos intelectuais não foi desempenhado pelo medo ou pela corrupção (ainda que não tenham faltado), mas sim pela palavra «Revolução», à qual ninguém queria renunciar por preço algum. Esta palavra conquistou não só cidades, mas povos inteiros.» ([119]) Este fascínio pelo ideal no qual se inspirava a revolução continuou a agir ainda depois de as suas consequências indesejáveis se terem tornado manifestas aos membros mais lúcidos da sociedade – pois, amputada dos seus nobres objetivos, a revolução deixa de parecer atrativa e revela um rosto diferente, composto de destruições, violência e crueldade. Poder-se-ia perguntar se esta desilusão não será inevitável; se, nisto semelhante à guerra, a revolução não será um *meio* de tal maneira poderoso que faz esquecer os *fins*, por muito desejáveis que pareçam. 1789 engendra 1793, a revolução de Fevereiro conduz à de Outubro. O genocídio perpetrado pelos khmers vermelhos no

Camboja, os milhões de mortos na China e na União Soviética, não são uma perversão do projeto revolucionário comunista, mas uma das suas consequências lógicas. Talvez Bulgakov tivesse razão quando defendia aquilo a que chamava «o meu conceito bem-amado de Grande Evolução»...

O sonho de um amor recíproco entre artistas e revolucionários, acalentado por muitos desses criadores, só pode ter sido um mal-entendido, nascido da confusão entre dois sentidos do mesmo termo, *revolução*, de um mau uso da língua, como sugeria Bunine nos seus comentários sobre Outubro. Com efeito, que têm em comum o projeto que anima os revolucionários, o de construir um Estado mais forte, e a inquietação que agita o criador autêntico, nunca satisfeito com a superfície plana do mundo, tentando sempre ver para além das aparências? Assim pensava Marina Tsvetaieva, que, em 1937, nas últimas páginas do seu último ensaio, dedicado às relações entre o poeta e o poder político, escrevia: «A revolta interior do poeta nada tem que ver com uma revolta exterior e ela pode voltar-se e volta-se contra os revolucionários logo que estes se tornam o poder legítimo, ou seja, imposto à força.» ([120])

Podemos resumir a nossa narrativa do combate que se desenrola entre o regime comunista e os artistas criadores que aspiram à liberdade dizendo que o regime vence numerosas batalhas pontuais, mas perde a guerra. A longo prazo, os artistas triunfam sobre os dirigentes políticos.

PARTE II

KASIMIR MALEVICH

CAPÍTULO 1

A euforia revolucionária

A Primeira Guerra Mundial está no auge. Em inícios de 1917, Kasimir Malevich, artista pintor de renome, soldado ocasional, está na linha da frente contra o exército alemão. Fora mobilizado em junho do ano anterior, fez um treino militar acelerado e enviaram-no para a frente em outubro. Nascido em 1878, tem então quase 40 anos. Pinta desde a mais tenra idade. Em Moscovo, onde se instalara há anos, foi membro de vários grupos de vanguarda, nomeadamente o dos futuristas, cuja inspiração original vem do futurismo italiano; depois, criou a sua própria orientação e o seu movimento, a que deu o nome de «suprematismo», tendência suprema acima e além da qual é impossível chegar. As obrigações militares interromperam-lhe inoportunamente as atividades artísticas.

No entanto, em fevereiro de 1917, Malevich consegue regressar a Moscovo. A cidade foi tomada por uma febre política, ligada aos resultados catastróficos da guerra e à degradação das condições de vida. Os artistas participam nestes movimentos de protesto, nos quais os amigos futuristas de Malevich, sobretudo Vladimir Maiakovski, são particularmente ativos, e ele próprio adere à luta. No fim do mês, os acontecimentos precipitam-se, em março o czar abdica e o poder passa para as mãos do governo provisório, que emana dos meios liberais e democráticos: é a revolução de Fevereiro. A partir deste momento, Malevich entrega-se de corpo e alma à efervescência em curso: para ele, a revolução política segue um percurso rigorosamente paralelo à revolução pictórica em que está envolvido há vários anos. De resto, os movimentos de vanguarda em que participou são qualificados pela crítica como «arte de esquerda», e a revolução política também é chamada «de esquerda». Antes de 1917, estes dois usos do termo «de esquerda» podiam ser vistos como uma coincidência. Alguns anos depois (em 1925), o pintor explica-se: separávamos todos os artistas em dois campos, escreve ele, «a arte de direita e a arte de esquerda. Por "de direita", entendíamos o academismo, a representação inteligível, clara e distinta. Por "de esquerda", era tudo o que não correspondia a essa clareza, distinção e inteligibilidade.» ([1]) Doravante, os dois usos convergem, deixa de haver contradição entre estas diversas afiliações. A partir de abril, Malevich participa na decoração dos desfiles que se desenrolam no 1.º de Maio, Dia do Trabalhador, nas ruas da cidade; os carros de propaganda por si decorados são pintados num espírito «suprematista». Também dedica tempo a atividades militantes e administrativas. Ainda em abril, é eleito membro da União da Juventude, organização de artistas de Moscovo e de Petrogrado que se reconhecem nas orientações «de esquerda» (de vanguarda). Em agosto do mesmo ano, é eleito para o Soviete dos Deputados dos Soldados de Moscovo; com efeito, continua a ser visto como um militar. Com Vladimir Tatlin, outro artista de vanguarda, preside ao departamento artístico deste Soviete.

As cartas que dirige em setembro de 1917 ao seu amigo íntimo Mikhail Matiuchine, pintor, músico e filósofo, mostram-no imerso no «trabalho social». Tornou-se membro e até presidente de diversas organizações profissionais e enumera com orgulho não disfarçado as suas novas afiliações: Federação de Esquerda da União dos Pintores, o Valete de Ouros (grupo de pintores de vanguarda). Tem consciência de estar a viver um «momento importante» durante o qual será possível reorganizar duradouramente a vida artística do país. Por isso, deixa de ter tempo para pintar quadros. Propôs a criação de uma nova Academia Popular das Artes, organismo de ensino para as massas. Ao mesmo tempo, questiona-se sobre o sentido geral do movimento. «O que nos espera e o que espera a nossa arte? Onde irá ela e o que é que o novo povo exigirá ao artista e à arte? Será a arte que se dirigirá ao povo ou o povo que se dirigirá à arte?» ([2]) Esta questão, mais séria do que então imagina, só receberá resposta final vários anos depois. O facto é que, em outubro do mesmo ano, Malevich torna público o seu programa de ensino artístico.

Em 25 de outubro (7 de novembro segundo o novo calendário adotado pouco depois), o golpe de Estado permite que os bolcheviques liderados por Lenine tomem o poder. Todas as instituições públicas são postas em causa e já nada é considerado inamovível. Os teóricos do futurismo reconhecem-se plenamente neste movimento cósmico, que desejavam há vários anos. O poeta Velimir Khlebnikov, um dos seus representantes mais destacados, declara-se Presidente do Globo Terrestre e convida os seus companheiros de luta artística a juntarem-se-lhe. Malevich segue-o com entusiasmo. «Nesse verão, declarei-me Presidente do Espaço» ([3]), escreve ele orgulhosamente a Matiuchine: o espaço não é o domínio por excelência dos pintores? «Isso alivia-me, distancia-me, e respiro mais livremente. É a melhor solução.» E, pensando nas suas relações com os novos detentores do poder político, acrescenta: «Formaria uma união com os presidentes de terras estrangeiras.» Temos a impressão de que, como uma criança que confunde o universo da sua brincadeira com o mundo exterior, Malevich deixa de perceber a fronteira entre o sonho e a realidade.

Nesse mesmo mês de novembro de 1917, recebe a sua primeira missão ao serviço do novo poder: é nomeado comissário para a proteção dos tesouros artísticos do Kremlin, ou seja, dos ícones, das cruzes e das relíquias – função um pouco surpreendente para um artista de vanguarda como ele, mas que dá testemunho do seu prestígio profissional. A sua atividade prossegue durante os meses seguintes. Em julho de 1918, torna-se o responsável pelo departamento dos Museus no comissariado (variante bolchevique do ministério) da Educação; a este título, entra em contacto com os diretores dos museus existentes. Em agosto de 1918, participa, ao lado de outros artistas de vanguarda como Tatlin e Vassili Kandinsky, no Departamento para as Artes da Imagem, do mesmo comissariado, onde esses artistas projetam diversas obras arquitetónicas e decidem erigir um monumento a Cézanne, precursor direto das vanguardas (projeto nunca realizado). Em setembro de 1918, Malevich envolve-se numa nova instituição pedagógica, chamada Ateliês Artísticos Livres do Estado; dirigirá um destes ateliês durante um ano, encontrando aí a sua principal fonte de rendimentos. No outono do mesmo ano, participa numa iniciativa coletiva fortemente simbólica pelo prestígio dos artistas nela reunidos: o homem de teatro mais controverso do momento, Vsevolod Meyerhold, encena *Mistério Bufo*, de Maiakovski, com cenários realizados por Malevich. O espetáculo será representado nos dias 7-8-9 de novembro, num teatro de Petrogrado, marcando assim o primeiro aniversário da revolução de Outubro.

Durante estes dois primeiros anos da revolução russa, Malevich conservará a mesma ótica: vê uma unidade fundamental entre os movimentos que transformam a arte e a vida social, pois ambos procuram novas formas de vida. Como dirá alguns anos depois, ao repensar neste período: «Descobrimos a identidade do movimento da Revolução Política e da Revolução Artística.» Estas visam o mesmo objetivo, mas por vias diferentes. Malevich nunca tenta submeter a arte a fins políticos, nem envolver-se em atividades diretamente militantes; não se torna membro do partido comunista nem nunca se considerará socialista. Na primavera de 1918, tomou consciência da violência que os bolcheviques estão dispostos a usar para consolidar e reforçar o seu controlo sobre o poder. Em inícios de abril, as forças da Tcheka, a nova polícia política criada por Lenine, cercam e desarmam cerca de 600 militantes anarquistas; considerados criminosos de direito comum, são levados para a cadeia. Malevich, cujas ideias radicais sobre a restruturação do mundo lhe fizeram descobrir uma proximidade com o pensamento anarquista, evoca esta repressão numa carta ao seu amigo filósofo Gerchenzon: «Esforço-me por estar mais raramente em Moscovo, sobretudo depois do ataque contra a anarquia, que considero um ato brutal; a bota gigantesca esmaga a pessoa, da qual fez um estribo para os seus passos.» ([4]) Ele próprio colabora nesta época com a revista *Anarchie*, até à sua suspensão em julho do mesmo ano.

Nos artigos de imprensa que publica em 1918-1919, Malevich começa a esclarecer a sua forma de envolvimento nas novas condições de mudança social. Em primeiro lugar, nisto fiel à doutrina futurista e à lógica da vanguarda, atribui um valor absoluto à inovação e à mudança; com efeito, o postulado deles é a transformação constante das formas de vida. O antigo deve obrigatoriamente dar lugar ao novo; se resistir, é preciso ajudá-lo a desaparecer. Fiel às injunções de Marinetti, fundador do futurismo italiano (que, porém, seria difícil de situar «à esquerda»: mais tarde, alinhará por posições fascistas), Malevich declara: «Regozijo-me sempre quando qualquer palacete particular é demolido.» Os museus (que estavam provisoriamente a seu cargo) não são indispensáveis, é preferível pensar no futuro: «Em vez de se colecionar toda a espécie de velharias, é indispensável formar os laboratórios de um aparelho de construção universal, criador.» ([5]) Aquilo que agora critica aos futuristas é simplesmente o facto de não irem mais longe no seu impulso para o futuro, de não serem suficientemente radicais: no domínio da pintura, exigiram mudar os objetos da representação, incluir as máquinas modernas, locomotivas e aviões, levar em conta a velocidade, característica determinante do nosso tempo. Malevich, por seu lado, quer pôr em causa o próprio princípio da representação.

Um segundo postulado vem duplicar o primeiro: as formas de vida não estão apenas em transformação permanente e unidirecional; são também múltiplas – mas mantêm coerência entre si. A arte transforma-se ao mesmo tempo que a sociedade, e o dever dos artistas é agir de acordo com esta lei. «Forjaremos o nosso rosto no nosso tempo e nas nossas formas.» Esta coerência de conjunto explica a fraternidade que se instaura entre revolução política e revolução artística: o movimento de liquidação do passado é-lhes comum. «Exigimos a destruição de tudo e de todas as bases do antigo a fim de que as cinzas não façam renascer os objetos e o Estado.» Aqui, os «objetos» são os que a pintura antiga procura representar; o Estado é o deposto pela revolução de Outubro. Dantes, admirava-se o czar e a pintura realista; agora, é necessário substituí-los pela revolução e pela nova pintura (suprematista). Num movimento que se assemelha ao movimento contemporâneo de Meyerhold, Malevich constata: a transformação pictórica começou mais cedo, indicou o caminho a seguir, os seus manifestos anunciaram as mudanças sociais vindouras. «O mesmo foi também feito pelas outras vanguardas dos nossos camaradas revolucionários na vida.» ([6]) Os bolcheviques imitaram os suprematistas.

Contudo, após a revolução, são os artistas que, pelo contrário, acusam um certo atraso. «A revolução social, que quebrou as correntes da escravatura capitalista, ainda não partiu as tábuas da lei dos valores estéticos.» Mas as coisas estão em vias de mudar. «O trovão dos canhões de Outubro ajudou os inovadores a erguerem-se, a abrirem as velhas tenazes e a restabelecerem o novo impulso do contemporâneo.» A revolução avança agora num passo mais rápido, os artistas têm de se despachar. «Na hora atual, quando o Estado soviético russo está nos confins da vitória revolucionária mundial, ele [o artista inovador] deve preparar no seu centro uma nova palavra de ordem, um quadro para o seu Estado», escreve Malevich em 1919 numa antologia coletiva na qual participam Khlebnikov, Tatlin e outros, intitulada *A Internacional da Arte*; o seu texto tem o título «Aos Inovadores do Mundo Inteiro» ([7]). O artista e o revolucionário profissional são demiurgos, destroem o antigo para substituí-lo pelo novo.

Este paralelismo estrito designa, em simultâneo, a semelhança e a autonomia: duas linhas paralelas nunca se cruzam. Malevich utiliza o vocabulário revolucionário da época, estigmatiza como burgueses os defensores da antiga estética; a verdade é que quando, em 1919, publica numa revista de vanguarda um artigo intitulado «As Nossas Tarefas», nenhuma delas traía a vida política: «1. Guerra ao academismo. 2. Um diretório de inovadores. 3. Criação de um coletivo mundial para os assuntos da arte», etc. A autonomia das artes não é menos fundamental que a sua renovação necessária. No seu último artigo publicado na *Anarquia*, em junho de 1918, intitulado «Declaração dos Direitos do Pintor», referindo-se ao artista, Malevich afirma fortemente esta separação entre os domínios: «A sua vida e morte pertencem-lhe como uma propriedade imprescritível, ninguém nem nenhuma lei [...] pode exercer violência sobre a sua vida ou dirigi-lo sem o seu consentimento.» ([8])

CAPÍTULO 2

Viver a utopia

Enquanto Malevich começa assim a formular as suas novas opiniões sobre a arte e a sociedade, a guerra civil entre Vermelhos e Brancos prossegue; as condições de vida em Moscovo são terríveis. Quatro décadas depois, Antoine Pevsner, pintor russo, na época colega de ensino de Malevich, recorda: «Nesse ano de 1919, a anarquia, o sofrimento e a fome eram alucinantes. Esse foi o inferno mais terrível. As ruas de Moscovo, bloqueadas por montes de neve, estavam cheias de cadáveres de cavalos e de outros animais, sobre os quais se atiravam os cães esfomeados. [...] Os ateliês dos artistas não tinham aquecimento, estavam cobertos de gelo e havia tanta falta de lenha que os móveis e tudo o que podia ser queimado foram consumidos nos fogões.» Contudo, Malevich, Kandinsky e Pevsner participam em exposições montadas nessas condições: «Uma delas suscita este comentário de Pevsner: «Essa sala enorme, com vidros e paredes cobertas de geada, parecia mais um deserto que um local de exposição.» Estas condições de vida levarão Malevich a abandonar Moscovo. No fim do verão, escreve ao seu chefe: «Dado que não tenho apartamento, nem lenha nem luz, sou forçado a aceitar as propostas dos ateliês de Vitebsk.» ([9])

Vitebsk é uma cidade da Bielorrússia onde se instalara uma escola artística cujo fundador e diretor era, desde inícios de 1919, Marc Chagall. Malevich chega à cidade em outubro do mesmo ano para ocupar um cargo de professor. Mas as relações entre os dois pintores depressa se tornam conflituosas e Chagall, que não partilha dos projetos sistemáticos do novo professor, acaba por se ir embora em junho de 1920. Malevich impõe-se então como a figura tutelar da escola, onde ficará até agosto de 1922. Durante estes três anos, a escola transforma-se numa instituição utopista. Ele próprio renuncia totalmente às suas atividades de pintor, já reduzidas desde finais de 1916; até 1928, dedicar-se-á essencialmente à escrita de textos teóricos e filosóficos.

A única atividade pictórica em que Malevich participa consiste em decorar com motivos suprematistas as salas da escola e outras salas públicas, bem como algumas ruas da cidade. Um dos seus colaboradores recorda-se de que, juntos, cobriram 1500 m^2 de tela para decorar três edifícios públicos e um teatro. Serguei Eisenstein, o futuro realizador de *Couraçado Potemkin*, de passagem por Vitebsk, testemunha a impressão que a cidade então produz, «de uma estranheza singular. Nas ruas principais, os tijolos vermelhos estão pintados de branco. E sobre este fundo branco correm círculos verdes. Quadrados cor de laranja. Retângulos azuis. É Vitebsk do ano 1920. O pincel de Kasimir passou pelas paredes de tijolo...» Malevich tem gosto em ver que os operários e os soldados que frequentam os edifícios decorados se sentem bem neles. «Atualmente, todas as oficinas e fábricas de Vitebsk, e até o teatro e os outros edifícios públicos, estão pintados segundo formas resolutamente inovadoras. Isto mostra bem que o proletariado não tem nenhum medo da arte nova e que a aceita com alegria.» ([10])

O essencial do trabalho de Malevich está noutro lado; no aprofundamento e na sistematização da doutrina. Ao fim de alguns meses, em inícios de 1920, começa a designá-la por uma nova sigla, o que está bem dentro do espírito da época: criou o Unovis, abreviatura de *Utverditeli Novogo Iskusstva*, «Afirmadores da Arte Nova». O seu entusiasmo por este novo empreendimento é tal que, em março de 1920, dá à filha que acabou de nascer o nome Una (quando se é demiurgo, também se sabe inventar palavras e nomes). O artigo da carta aprovada pelo grupo proclama: «O propósito do Unovis é a afirmação das novas formas de arte, que entendemos como cubismo, futurismo e suprematismo.» ([11])

Nesta carta, não se faz qualquer referência às novidades políticas impostas na mesma altura. No entanto, noutros textos da época, Malevich mantém a ideia de um paralelismo estrito entre os dois domínios. O panfleto que anuncia a fundação do movimento afirma: «O vermelho mostra ao homem a nova via e nós mostramos a nova criação da arte.» O vocabulário revolucionário é de rigor. «A luta não é de vida, mas de morte», escreve ele ao seu amigo futurista Krutchenykh. «Fundámos um partido das Artes que combate a contrarrevolução na arte. [...] É altura de ir para a praça Vermelha da arte.» Na exposição montada em março de 1921 em Vitebsk, as paredes estão cobertas de palavras de ordem. Uma destas está assinada por Malevich: «Das barricadas da revolução comunista às barricadas da revolução da nova cultura suprematista!» ([12])

A direção comum destas duas revoluções é a da renovação incessante. Esta não pode ser travada, a natureza «muda as formas e, a partir do criado, deduz incessantemente o novo», escreve o pintor agora militante. Todos nos transformamos, inexoravelmente, o regresso atrás é impossível. As próprias paisagens mudam por ação da história, que também é movimento e transformação. «No meio dos campos nasceram aldeias, no meio das aldeias nasceram cidades, nestas nasceram templos», etc. «A natureza não é idêntica» a si mesma. Malevich distingue bem «uma invenção da natureza» e a «nossa própria invenção», mas vê-as sempre em paralelo. O interior e o exterior são contíguos. «Não é o meu cérebro que forma por si mesmo a fundição de onde sai um novo mundo de ferro transfigurado?» Um é a causa automática do outro: «A vida nova também dá nascimento a uma arte nova.» Com esta assimilação dos dois movimentos, Malevich oculta a diferença entre intervenções pessoais e impessoais, voluntárias ou independentes das vontades individuais.

Os textos que anunciam a formação do Unovis em Vitebsk fazem o elogio da mudança social, seja qual for o seu custo. «Os inovadores da juventude da vida económica carregaram os estandartes da revolução matando os velhos e libertando a juventude»; é preciso seguir este exemplo no domínio artístico. «Os que estão agora livres devem unir-se rapidamente sob a bandeira da *nova arte* e construir o mundo.» É uma obrigação para todos. «Devemos, tal como um poderoso furacão, entrar na luta para destruir o antigo e criar o novo.» A carta do Unovis confirma este lugar decisivo atribuído aos inventores, «que podem renovar a vida nova, pois o inventor é o senhor do mundo e da vida».

Por conseguinte, é preciso submeter o individual ao coletivo – o que é também exigido pelo comunismo. «Hoje, nenhuma pessoa pode ter a liberdade dos isolamentos, ninguém pode viver como quer. [...] A partir de agora, a pessoa não tem direito, pois o direito é geral. [...] A liberdade da pessoa não pode ser senão a sua conciliação com a liberdade geral.» Tanto o artista como o patrão de uma empresa, «todos devem adotar o ponto de vista da evolução geral» ([13]). A propriedade privada deve ser abolida. A separação entre a Igreja e o Estado imposta pelos bolcheviques no rescaldo da revolução não é realmente desejável; é preferível substituir a antiga religião por uma nova e praticar «a educação da juventude num espírito religioso sem igreja», preservando a unidade do temporal e do espiritual.

Malevich revela e adota aqui involuntariamente a lógica totalitária do projeto comunista. Pela mesma razão, é condenada a família, a sobrevivência individualista, «pois qualquer indivíduo nascido na sociedade comunista já pertence à sociedade e à sua educação». A arquitetura deve levar isso em conta e eliminar a arbitrariedade que decorre das pessoas particulares. «Não consideramos de todo contemporâneo o facto de se construírem casas individuais separadas» ([14]), escreve Malevich num texto do mesmo período. Daqui decorre também que é preciso eliminar todos os traços da arte figurativa, reminiscência do passado marcado pelo individualismo. Os Ateliês de arte, em que Malevich participara logo após a revolução, estão destinados a desaparecer, pois cada ateliê era dirigido por um mestre diferente. «A nova arte marcha sob a bandeira única da comunidade.» Malevich defende agora um «individualismo coletivo», oximoro problemático que provavelmente foi buscar aos autores místicos russos de inícios do século e aos teóricos do anarquismo, como Bakunine ([15]).

Outras afirmações de Malevich lançam noutra direção a ideia do paralelismo entre ordem estética e ordem política, logo a sua autonomia: visam uma espécie de transbordamento da arte sobre todas as outras formas de vida. Nas suas cartas ao filósofo Gerchenzon, o pintor lança-se em especulações utopistas que retomam os conceitos de certas tradições russas e conferem objetivos mais ambiciosos à arte suprematista. «É preciso fazer o povo sair de todas as religiões e conduzi-lo à religião da Ação Pura, na qual não haverá nem recompensas nem castigos. [...] O mundo avança para a pureza e a sua nova existência começará no suprematismo branco.»

O pensamento de Malevich tenta apreender os ritmos profundos do cosmos. Nesta época, arranjou um pequeno telescópio que lhe servia para observar o resto do universo.

«À noite, dedicava-se à contemplação do céu estrelado, ocupava-se nisso numa perspetiva khlebnikoviana de imersão no cosmos», conta muito tempo depois Mikhail Bakhtin, crítico e filósofo, que o frequentou em Vitebsk. Malevich, porém, não perde de vista o mundo terreno, e vê estabelecerem-se correspondências entre os dois. «Via todo o espaço astronómico com todas as estrelas, com os sóis, os planetas – aqui, na Terra, vejo todo esse infinito no calor da lâmpada, ou na vela, ou no fogão que encho todos os dias [...]. Vejo o movimento das pessoas, dos corvos que voam aqui em bandos incríveis e transformam o grande espaço em nuvem, e pus-me a decifrar nisso todas as nebulosas possíveis da Via Láctea; no movimento das pessoas, vejo cometas que por vezes regressam, outras vezes não regressam.» No entanto, em momento algum Malevich se considera um cientista de pleno direito. Na mesma carta, acrescenta: «Ocupava-me da astronomia, certo, como de tudo, sem disso ter alguma noção.» ([16])

Devido a esta perceção extralúcida, as imagens que produz roçam o sagrado. «Veio-me ao espírito que, se a humanidade concebeu a imagem de Deus à sua semelhança, o Quadrado Negro pode ser a imagem de Deus enquanto essência da sua perfeição na nova via do começo atual.» A analogia entre Deus criador do mundo e o pintor que acede às formas elementares a partir das quais reconstrói o espaço pictórico já estava presente em Malevich desde há vários anos. Uma página redigida em 1913 anunciava: «Sou a fonte de tudo o que existe na minha consciência. Mundos criam-se. Procuro Deus, procuro-me em mim mesmo.» ([17]) Mais tarde, o Unovis é frequentemente descrito por Malevich como um partido que participa na construção da vida e poderemos ver «o quadrado suprematista como base do novo corpo económico real». Numa carta datada da mesma época, apresenta o seu movimento como um sistema que promove a criação artística, mas também contribui para a criação da vida. «O período anterior, durante o qual a arte seguia docilmente a vida para representá-la, terminou; doravante, a imitação é substituída por uma construção sistemática, planificada, que se desenvolve em progressão, "tanto na arte como no resto da vida social".» ([18])

Osip Brik, futurista e bolchevique (e até tchekista), relata uma conversa com Malevich, durante a qual este lhe anunciou: «Quero cobrir o globo terreste de uma natureza suprematista, construída segundo as leis suprematistas.» Como é que as pessoas viverão nessa natureza nova, pergunta-lhe Brik. Resposta: «As pessoas adaptar-se-ão, tal como se adaptaram à natureza criada por Nosso Senhor.» Brik comenta: Malevich «tinha o desejo de rivalizar com o Nosso Senhor». Outro amigo próximo, Kliun, descreve assim as relações do pintor com o divino: «A sua relação com Deus era bastante particular e estranha: não acreditava em Deus, mas referia-se-lhe sem hostilidade. Um dos seus esboços exprimia a sua atitude: representa-se de pé, sobre uma espécie de elevação, uma mão levantada para cima, em direção a uma nuvem; na mão tinha um recipiente, uma chávena ou um copo. Deus está sentado na nuvem, com a sua auréola como convém, e serve vodka a Malevich. Neste esboço, [...] sentia-se uma espécie de relação de camaradagem, de amizade com Deus – em suma, Tu és um criador e Eu sou um criador, ambos somos criadores» (este desenho não foi conservado). Já em 1918, insistindo no que o separa dos outros homens, escrevia: «A diferença entre Deus e o homem é que em Deus não aparece a questão do porquê. O seu fim e a sua vida é a criação, tal como para o meu organismo respirar o ar. Cheguei ao mesmo ponto.» ([19]) Aquilo que Malevich não antecipa é que o poder comunista terá uma muito maior capacidade de dominar a atividade dos artistas (em vez do contrário) e de assumir o projeto demiúrgico de criar uma nova sociedade e um novo homem.

No entanto, o mundo perfeito sonhado por Malevich tarda a chegar, a realidade contrariante não deixa de lembrar a sua existência. Em 5 de agosto de 1921, Malevich é detido pela Tcheka. Alguns amigos influentes intervêm a seu favor e será libertado rapidamente. Mas, ao mesmo tempo, a fome continua a assolar a Rússia e em Vitebsk não se come melhor que em Moscovo. Alguns anos depois, o diretor da escola artística recorda: «Os docentes jejuavam. Malevich, por causa da subnutrição, começava a ser atacado pela tuberculose.» Ele próprio teme o pior. «Sofremos uma fome terrível. Estou a dois dedos de lhe sucumbir. [...] Khlebnikov morreu em 28 de junho, torturado pela fome. Agora será a minha vez e de Tatlin.» ([20]) Além disso, sofre cada vez mais a hostilidade de outros dirigentes locais, nomeadamente do partido comunista, que pensam que acumulou demasiados poderes. A aventura de Vitebsk termina e os membros do Unovis dispersam-se.

CAPÍTULO 3

O itinerário de um vanguardista

Em 1917, o pintor abraça sem reservas a revolução política em curso. Que percurso fez dele o homem que era então?

Kasimir Malevich nasceu em Kiev, o pai é polaco e a mãe ucraniana; até ao fim da sua vida, o pintor conservará traços desta origem no seu uso da língua russa. A família muda-se com frequência, em função dos compromissos profissionais do pai, engenheiro especializado no fabrico de açúcar. O rapaz cresce no campo, na vizinhança das fábricas e num meio modesto; sente compaixão pela vida extenuante dos operários e admiração pela vida dos camponeses. A sua escolaridade é um pouco caótica, mas é muito sensível à beleza da natureza. «Lembro-me bem e nunca esquecerei que, em primeiro lugar, ficava sempre impressionado com a pintura e a cor, depois com a tempestade, a trovoada, os relâmpagos, e também com a calma absoluta após a tempestade, esta alternância emocionava-me fortemente dia e noite», recorda ele no fim da vida. «Gostava de caminhar e de ir para a floresta e para as colinas altas, de onde via o horizonte em meu redor, isso ficou-me até hoje.» ([21])

Ainda criança, Malevich sente uma atração irresistível pelas imagens. No início, são pequenos quadros *naïfs*, feitos para uso comercial; também gosta dos bordados feitos pela mãe. Certo dia, aos 12 anos, visita Kiev e vê, na montra de uma loja, o retrato de uma rapariga. Fica profundamente impressionado e, nesse dia, decide aprender a desenhar e a pintar. Numa primeira fase, esta ocupação tem a aprovação dos pais, mas quando o pai compreende que ele quer fazer profissão disso, opõe-se vigorosamente. «O meu pai dizia-me que a vida dos pintores era má e que a maioria deles apodrecia na cadeia, o que ele não queria para o seu filho.» Em 1896, a família muda-se para Kursk, cidade de média dimensão, onde o jovem conhece outros adolescentes apaixonados pela pintura e começa a percorrer o campo das redondezas em busca de paisagens para pintar. «Adorávamos a natureza, os campos, as florestas, ouvíamos toda a música dos campos, dos pássaros, e as cores. [...] Toda a natureza parecia de uma beleza integral.» ([22]) Pensa cada vez mais que, para exercer esta profissão, tem de ir para Moscovo, mas o pai não o autoriza.

No entanto, o pai morre em 1902 na sequência de uma crise cardíaca e Malevich pode começar a refletir seriamente na sua vocação. Poupa dinheiro durante alguns anos e, em 1904, vai para Moscovo. Os seus meios são limitados, tem de pagar a inscrição nos ateliês dos pintores (nunca será admitido numa escola de belas-artes), vive em comunidade com outros estudantes e raramente come o suficiente. No entanto, a sua paixão pela pintura não esmorece. Em 1905, a Rússia está em ebulição: os soldados, os operários e os estudantes revoltam-se, vários dos seus companheiros de casa participam nas rixas de rua. Um deles, também pintor, censura-o «porque me penteava quando devia sair para a rua» ([23]). Malevich simpatiza com o movimento, trava amizade com vários dos seus participantes (como Kirill Chutko, que reencontrará várias vezes ao longo do seu percurso); o irmão mais velho já tinha atividades «revolucionárias», mas ele prefere continuar a pintar. A sua evocação dos acontecimentos, 30 anos depois, está impregnada de autoironia. Ainda faz algumas idas e voltas entre Kursk e Moscovo antes de se estabelecer de vez nesta cidade, em 1907.

Não seguindo cursos sistemáticos num estabelecimento escolar, sem acesso às reproduções de quadros contemporâneos (uma situação dificilmente imaginável nos nossos dias), dependente, assim, de encontros e descobertas ao acaso para a sua educação, Malevich atravessa durante uma dezena de anos, de forma um pouco caótica, quase todas as correntes pictóricas desde meados do século XIX. Depois do seu ponto de partida na imagética popular, descobre a escola naturalista russa encarnada pelo grupo dos Itinerantes, cujo representante mais destacado é Repine. Na altura da sua chegada a Moscovo, inicia o seu período impressionista, que durará até cerca de 1907 e durante o qual produzirá numerosas obras (muito poucas foram conservadas). Segue-se um período, até inícios de 1910, do qual não gostará de se recordar, pois não tem orgulho dele e não se inscreve bem na evolução que reconhece. A influência dominante é, portanto, a de uma pintura simbolista e decorativa. Ao mesmo tempo, com encontros e visitas a coleções privadas, familiariza-se com as obras dos impressionistas, de Cézanne e do fauvismo.

Um destes encontros tem consequências importantes: trata-se do encontro com o casal de pintores Mikhail Larionov e Natalia Goncharova, de quem se sente particularmente próximo. O período inaugurado com este encontro dura até 1912, durante o qual Malevich adquire a sua primeira notoriedade; ele próprio considera que as telas deste período, que podemos descrever como neoprimitivistas, são as primeiras que pode exibir como representativas do seu trabalho original: com efeito, são as mais antigas que leva ao estrangeiro em 1927 (encontram-se hoje no Stedelijk Museum em Amesterdão).

Com Larionov e Goncharova, participa na exposição do grupo Valete de Ouros, em finais de 1910; a originalidade dos três pintores afirma-se mais claramente noutra exposição, com o título provocador «O Rabo do Burro», em inícios de 1912. A cisão do grupo Valete de Ouros coloca de um lado os «cézannistas», admiradores das tradições ocidentais e defensores da pintura pura, e, do outro, o grupo de Larionov, que se inspira nas tradições russas, na pintura de ícones e dos reclamos das lojas ou das estampas populares, na arte bizantina ou de Cimabue, nos desenhos infantis e na arte primitiva exótica que então se descobre, tendo em vista uma ligação ao mundo quotidiano do povo. Esta orientação pictórica absorveu também a influência do fauvismo francês e, na Alemanha, reconhecer-se-á no expressionismo; na Rússia, fala-se sobretudo de neoprimitivismo. Quadros como *Os Bailarinos* de Larionov (1908), *Os Lutadores* de Goncharova (1909-1910) ou *O Peixeiro* de Tatlin (1911) inscrevem-se neste contexto.

Os quadros de Malevich desta época representam pessoas do mundo do trabalho, em atividade ou em repouso: camponeses na ceifa, operários, uma lavadora, um jardineiro, ou cenas de banhos, de dança, personagens sentadas. As suas telas *No Boulevard* (F 215), *Os Polidores de Soalho* (F 196), *O Calista* (F 203) (todas de 1911 e expostas no Stedelijk Museum) e muitas outras impressionam pela vivacidade das suas cores espalhadas em grandes manchas, pelo esquematismo e deformações das figuras, pelo dinamismo dos gestos.

Estes quadros parecem indicar uma via promissora, mas Malevich já não se quer ficar pela exploração de formas pictóricas. Em vez de aprofundar e explorar em pormenor uma das suas escolhas, passa para a fórmula seguinte. Aquela que vai seguir a partir de finais de 1912 refere-se simultaneamente a duas correntes artísticas, o cubismo e o futurismo, o primeiro no plano pictórico, o segundo no da teoria. Malevich realiza uma espécie de síntese dos dois; de resto, em 1913, afirma-se um novo movimento artístico, o «cubofuturismo». A influência futurista reforça-se após a visita de Marinetti, o fundador deste movimento, à Rússia, em inícios de 1914. Malevich, que o aprecia bastante, classificando-o ao lado de Picasso entre os inventores da arte moderna, opõe-se nesta ocasião a Larionov, que anunciara a intenção de atirar ovos podres ao vanguardista italiano e de regá-lo com iogurte durante as suas intervenções.

O futurismo codifica um dogma já presente nos anos anteriores, o da necessidade de inovar, que conduz a uma aceleração crescente na criação de novas tendências, com a novidade a ocupar o lugar da qualidade na apreciação das obras. No nascimento de novas escolas artísticas, nenhum período da história europeia pode ser comparado às primeiras décadas do século XX. Serge Diaghilev, fundador dos *Ballets Russes*, observador informado da vida artística na Europa e na Rússia durante este período, descreve assim este ritmo vertiginoso: «O futurismo, o cubismo, é antiguidade, pré-história. Em apenas três dias, fica-se convencional. O motorismo destrona o automatismo para ser superado pelo trepidismo e pelo vibrismo, que depressa deixam de existir, pois surgem então o planismo, o serenismo, o exacerbismo, o omnismo e o neísmo.» ([24]) Outros não conhecem esta ironia: para se distinguir dos futuristas de Marinetti, Khlebnikov inventa um decalque russo que se pode traduzir por «vindouristas»; Larionov, que quer romper com o grupo futurista russo, autointitula-se como um «vindouriano». No mesmo ano, funda também o «tudismo», superação derradeira do futurismo.

Mas o contributo do futurismo não consiste apenas em legitimar a renovação constante das artes. É, mais radicalmente, a justificação das mudanças do presente em nome do futuro; logo, implicitamente, a fé num progresso inexorável da história, que extravasa bastante o domínio artístico e que diz respeito à evolução tanto da técnica como da sociedade. Neste sentido, tal como o comunismo, é herdeiro do providencialismo cristão: a história segue um desígnio preestabelecido. O espírito demiúrgico é também inerente ao pensamento futurista, e não é por acaso nem por mal-entendido que esta corrente se ligará aos movimentos políticos revolucionários do seu tempo, o fascismo na Itália e o comunismo na Rússia. Uma diferença entre as duas formas nacionais do futurismo é que os temas políticos já estão presentes nos escritos de Marinetti, enquanto só aparecem em Maiakovski e nos seus camaradas após a revolução de 1917; mas os contemporâneos não se enganavam quando qualificavam os futuristas russos como os mais radicais dos «bolcheviques do futurismo» ([25]).

Por agora, Malevich aspira a fundar uma nova corrente artística. Na altura em que pertencia ao grupo de Larionov, as suas preferências iam para o termo «purismo» – pois o quadro devia ser visto como a «pura expressão de emoções pictóricas»; mas o termo não pega. Quando as suas ideias se clarificam, dá-lhe o nome de «fevereirismo», porque foi em 19 de fevereiro de 1914, numa conferência pública, que se declarou diferente dos outros, em rutura radical com a razão. Nos meses seguintes, para designar o mesmo projeto, emprega outros termos, como «alogismo», ou «realismo transmental» ou «transrracional» (*zaumnyj*), termo que foi buscar a Khlebnikov. Em 1915, projeta lançar um jornal para expor as suas opiniões, cujo título seria *Zero*. No entanto, antes do fim do ano, substitui-o pelo seu oposto, *Supremus* (este jornal, preparado durante muito tempo, nunca verá a luz do dia), e é daqui que retirará o nome definitivo do seu movimento, *suprematismo* – pois trata-se de um movimento supremo, insuperável. «Parece-me que Suprematismo é [o nome] mais adequado, pois significa domínio.» ([26])

O programa destes movimentos de vanguarda a que Malevich adere gira em torno de duas ideias principais: a necessidade de inovação e a necessidade de praticar uma arte reduzida à sua quintessência. Ambas têm a sua origem imediata nos manifestos dos futuristas russos e nas reflexões do seu representante mais original, o poeta Velimir Khlebnikov, uma figura excêntrica e carismática. A primeira declaração futurista que chama a atenção do público sobre o grupo, datada de dezembro de 1912 e intitulada «Uma bofetada no gosto público», refere-se a ambas. Por um lado, defende o direito dos poetas a «um ódio irreprimível pela língua existente antes deles» e, por outro, anuncia o advento de uma «Nova Beleza Futura do Verbo *Autoválido*» ([27]). Estas expressões de verbo autoválido (*samocennoe*) ou autónomo (*samovitoe*), neologismos forjados por Khlebnikov, designam, para este, o objetivo da nova poesia (no capítulo seguinte, regressaremos a este ponto).

Na mesma altura, ao apresentar a exposição «O Rabo do Burro», Larionov declara: «O meu objetivo não é fixar a arte moderna, pois então deixa de ser nova, mas esforçar-me tanto quanto possível para fazê-la progredir. Em suma, fazer o que faz a própria vida, que, a cada segundo, faz nascer novos sentidos, cria um novo género de vida de onde nascem incessantemente novas possibilidades.» ([28]) Malevich adere de imediato a estas ideias, e encontramos o seu nome na declaração final saída daquilo a que pomposamente chamam «Primeiro Congresso Pan-Russo dos Bardos do Futuro (poetas futuristas)», realizado em julho de 1913. O manifesto seguinte, também de 1913, designa Malevich como um dos pintores associados ao grupo. Trava amizade com outros membros do grupo, como Maiakovski e sobretudo o poeta Kruchenykh, com quem mantém uma troca de correspondência. Em 1913, ao promoverem a sua ópera, *Vitória Sobre o Sol*, os autores Kruchenykh (texto), Malevich (imagem) e Matiuchine (música) escrevem num artigo de jornal: «Os futuristas querem libertar-se desta ordem do mundo, dos laços que nele se podem conceber. Querem transformar o mundo em caos, partir em pedaços os valores estabelecidos e, destes pedaços, criar novos valores, fazer novas generalizações, descobrir novos laços surpreendentes e invisíveis.» ([29])

Um dos primeiros textos em que Malevich expõe as suas ideias sobre a inovação necessária é uma conferência apresentada em Petrogrado em janeiro de 1916 e publicada no mesmo ano. A renovação perpétua das formas é apresentada como uma evidência: tudo muda, logo a arte também deve mudar. «É absurdo enfiar o *nosso* tempo nas velhas formas do tempo passado.» O que convém à técnica vale também para as artes: «Devemos procurar formas que respondam à vida contemporânea.» Na arte, é preciso criar, inventar, e não repetir. «Criar significa viver, produzir perpetuamente coisas sempre novas.» ([30]) Esta exigência induz comportamentos sociais singulares: condena os criadores a esconderem as suas descobertas antes de serem reveladas ao grande público, por receio que outro inovador as roube. Roman Jakobson, o futuro linguista e teórico formalista da literatura, conta uma visita que fez nessa época a Malevich, na companhia de Kruchenykh. «Malevich tinha um medo terrível de que os outros soubessem que estava a fazer alguma coisa nova. Contava-me muitas coisas, mas não se decidia a mostrar-me as suas peças novas.» ([31]) Pelo mesmo motivo, Malevich é atormentado por outra questão angustiante: e se alguém, noutro lado, já fez o que está a inventar? Se o único critério de qualidade reside na novidade, vive-se sempre sob uma espada de Dâmocles. Ora, Malevich não fez estudos regulares, não dispõe de muitas informações. Numa carta a Matiuchine, de finais de 1915, formula assim a sua inquietação: «Percebi pelas suas cartas que tudo o que escrevi já é conhecido há muito tempo, e não há aí nenhuma América. [...] Não sei o que fazer. [...] É que, ainda há pouco tempo, um habitante da Sibéria inventou uma bicicleta de madeira e pretendia espantar. Eu seria parecido.» ([32])

Para além de Marinetti, encontra outra fonte desta exigência de novidade nos escritos, então influentes, dos teósofos russos e particularmente de Piotr Ouspenski, matemático e filósofo, apaixonado pela Índia, admirador de Gurdjieff, autor de obras populares como *A Quarta Dimensão*, *Tertium Organum* ou *Investigações de Uma Nova Vida* (sobre o ioga). Em 1914, no jornal *Novidades*, do qual é um dos editores, relata os resultados das suas viagens à Índia, com o título «Em Busca do Homem Novo». Outros futuristas, como Khlebnikov ou Matiuchine, apaixonam-se por estas especulações. É nelas que Malevich pensa quando escreve: «Podemos ver uma corrente que está em busca do homem novo, de caminhos novos.» ([33])

Não devemos esquecer que, na mesma altura, os revolucionários também propõem produzir uma sociedade nova e até um homem novo. É por isso que os mesmos termos se aplicam a ambos, inovadores na política e na arte são igualmente de vanguarda, ou, como se diz na Rússia, «de esquerda». Na sua *Autobiografia*, redigida perto do fim da vida, Malevich confirma a correção política desta aproximação: «O termo "de esquerda" via esse grupo [artístico] no lado político revolucionário, incluindo-o entre os militantes políticos de extrema-esquerda de então.» Este era já o espírito do tempo: «Em todas as reuniões, discutiam-se métodos de combater a ordem estabelecida na sociedade e a sua relação com a arte. [...] Não só o mundo da arte, mas também o mundo de toda a vida devem ser novos, em forma e em conteúdo.» No entanto, nesta época, Malevich admite que os próprios futuristas nem sempre obedecem às suas palavras de ordem incendiárias. «Claro, em segredo, todos os novos grupos reconheciam os grandes mestres.» Nas suas memórias da mesma época, um desses artistas, Benedict Livchits, confirma: «Os vindouristas dormiam com Pushkin na mesa-de-cabeceira, embora o atirassem fora de bordo do barco da época contemporânea.» ([34])

Durante o seu período cubofuturista, o próprio Malevich participa nesta reinvenção do homem. Veja-se o quadro intitulado *O Ceifeiro I* (Fig 1, 1911, Museu de Nijni Novgorod).

A personagem é, acima de tudo, um tipo desprovido de qualquer característica individual; além disso, o seu corpo é produto de uma exigência geométrica e não das leis biológicas da vida. As suas cores e formas são engendradas pelas exigências da simetria; nada aqui depende do acaso, do imprevisto, nada escapa ao espírito de sistema. Este homem novo assemelha-se a um robô, que poderia ser fabricado em série, o que pressupõe que o conhecimento do homem é total e que o processo de fabrico segue uma fórmula matemática. Os criadores contemporâneos da nova sociedade partilham um programa paralelo.

A esperança de renovação, o projeto de transformar o homem a partir do interior, está presente na tradição europeia desde a Antiguidade; mas recebeu fortes impulsos a partir da idade moderna, como na querela dos Antigos e dos Modernos no século XVII, em que os segundos insistem na transformação irreversível das sociedades e das suas formas de expressão. Está também presente nas teorias do progresso, desenvolvidas no século seguinte por alguns representantes do iluminismo, que acreditam na evolução constante das sociedades. As descobertas de Darwin, no século XIX, mostram que a própria natureza está em transformação permanente, todas as espécies vivas evoluem para se adaptarem à mudança das circunstâncias (mas sem objetivo final). Marx, que se julga o Darwin do mundo social – sem levar em conta esta ausência de finalidade –, inscreve a revolução comunista neste mesmo quadro. Em finais do século, assiste-se a uma verdadeira transformação tecnológica com a aceleração do movimento da era industrial. Revolucionários e futuristas, e Malevich com estes, são então os herdeiros de uma longa tradição.

Esta assimilação de todas as mudanças levanta, porém, muitas questões. O exercício da vontade faz parte da natureza humana, mas, para além da adaptação às circunstâncias, nada nesta natureza indica em que consiste o fim para o qual se dirige. Em si mesma, a natureza não conhece progresso; se a história progride, só o faz em relação a objetivos formulados por um grupo qualquer de pessoas particularmente ativas. Por outro lado, é evidente que nem todos os artefactos culturais obedecem à exigência de renovação integral («todos os cinquenta anos»): é verdade que as línguas humanas se renovam, mas de forma muito lenta, de maneira a que os que se servem da língua possam sempre comunicar entre si recorrendo ao idioma já existente.

CAPÍTULO 4

A arte como tal

Khlebnikov e os outros futuristas devem ter sentido a dificuldade que havia em exigir apenas a inovação e, por isso, acrescentaram-lhe um segundo critério: todas as artes devem tender a aproximar-se da sua essência, desembaraçando-se daquilo que lhes é estranho e facultativo para a sua existência. A palavra como tal, segundo Khlebnikov, é uma palavra que já não serve a tarefa subalterna da comunicação, da designação ou da expressão, pois estas atividades envolvem entidades estranhas à língua, como os locutores ou o mundo a que se referem; ora, a palavra deve ser reduzida a si própria, ou seja, ao seu significante sonoro ou escrito, cujo sentido está suspenso. Este esforço leva à criação do «transmental» (ou «transrracional», *zaum*), uma língua que já não recorre à compreensão racional, mas que se compõe de sons intuitivamente apreendidos. A poesia transmental é a poesia pura. No entanto, põe-se a questão: uma palavra que nada signifique será ainda uma palavra? A «palavra como tal» pode ser desprovida de sentido?

Esta ideia é desenvolvida ao mesmo tempo pelos pintores vanguardistas. Num dos seus manifestos, publicado em 1913,

Larionov escreve: «A pintura é autónoma, tem as suas formas, a sua cor e a sua tonalidade. [...] Os objetos que vemos na vida não desempenham aqui nenhum papel. Mas a própria essência da pintura pode libertar-se melhor deles: combinações de cores, densidade, relações diferentes entre as massas de cor, profundidade, fatura. [...] É um verdadeiro movimento de libertação da pintura, em que esta começa a viver segundo as suas próprias leis.» Na mesma altura, Malevich, que está agora zangado com Larionov (é difícil ser, em simultâneo, inovador absoluto e companheiro de outro inovador), escreve a Matiuchine: «Rejeitámos o sentido e a lógica da razão antiga, mas temos de nos esforçar por conhecer o sentido e a lógica da razão nova que já se manifestou, de algum tipo de "transmental".» ([35]) Esta pintura pura, como a poesia pura, não está livre apenas de qualquer obrigação didática, como Edgar Poe, Théophile Gautier ou Baudelaire haviam exigido para «a arte pela arte», mas também de qualquer aspiração a designar ou a representar o mundo.

Em inícios de 1914, Malevich conhece um «novo futurista», Roman Jakobson, que o ajuda a formular melhor as suas ideias teóricas. «Ele compreende a palavra como tal melhor que o próprio Krutchenykh», escreve Malevich a Matiuchine, e imagina que, com um pequeno esforço, o jovem poderá até vir a ser um «fevereirista». O manifesto suprematista de 1915, *Do Cubismo ao Suprematismo. O Novo Realismo Pictórico*, mostra traços desta evolução para «a arte como tal». Malevich afirma agora: «Só há criação quando nos quadros aparece a forma que não captura nada do que foi criado pela natureza, mas que decorre das massas pictóricas, sem repetir nem modificar as formas originais dos objetos da natureza.» Por outras palavras, a inovação só é boa se conduzir a uma depuração da arte, à pintura como tal. Doravante, é preciso «fazer sair as massas pictóricas do objeto para formas autárcicas que nada designem, ou seja, para a hegemonia, relativamente às formas tradicionais, formas pictóricas que não têm outro fim que não elas próprias» ([36]). Esta nova pintura, não figurativa, será justamente apelidada de suprematismo.

Estes temas de reflexão encontram-se também para lá do círculo dos futuristas, nos debates que agitam os meios artísticos e literários na Rússia desde o início do século. Podemos verificá-lo, por exemplo, em Meyerhold, que já nos é familiar e com quem Malevich colaborara em 1918. Encenador genial, Meyerhold não elabora um pensamento teórico sistemático; por isso, o seu percurso é particularmente revelador do espírito do tempo. Antes da guerra, Meyerhold defende a ideia de um teatro «convencional», que obedece mais às suas próprias exigências que às do mundo exterior. De forma progressiva, insurge-se contra toda a instrumentalização do teatro: este não deve imitar a realidade, mas também não deve ser a mera ilustração de um texto preexistente; por outro lado, não se deve definir a partir do efeito que produz sobre os espectadores nem lhes deve inculcar uma doutrina política ou, pelo contrário, visar exclusivamente o seu entretenimento. Meyerhold vai buscar a sua inspiração aos teóricos da corrente simbolista; talvez seja também sensível à publicação de uma obra intitulada *O Teatro Como Tal* (1912), cujo autor é outro homem de teatro, Nicolai Evreinoff. A ascensão do espírito revolucionário, em 1917, leva-o a pensar que o seu percurso de inovador oposto às formas tradicionais de teatro também pode ser descrito como uma revolução contra a ordem estabelecida; aceita, pois, a ideia de se colocar ao serviço do novo regime soviético. Esta evolução assemelha-se assim à sofrida por Malevich.

A história da pintura moderna é agora interpretada por Malevich como uma aproximação progressiva à essência pura da pintura, o momento em que conseguiu libertar-se de toda a relação com os objetos do mundo. O ponto de partida desta história é o impressionismo. Malevich compreende isto ao pintar quadros impressionistas, renunciando assim ao realismo de Courbet ou de Repin: a novidade desse movimento pictórico não reside apenas na ideia de que a perceção subjetiva, dependente da luz variável da hora ou da estação, substitui a tentativa de capturar o objeto em si mesmo, de revelar assim uma verdade objetiva. A grande inovação é que o artista já não pinta para representar um objeto também existente fora do quadro, mas sim tendo em vista uma pura representação, ou seja, a criação de um objeto novo. «Dei-me conta de que, para o pintor, o principal estímulo é sempre e só a qualidade pictórica. Esta é a sua verdadeira cultura, enquanto tudo o resto vem de fora, é o que deve apresentar.» As obras da tradição figurativa incluem, portanto, dois elementos díspares: um composto daquilo que vem do mundo exterior, como o tema, a psicologia, a filosofia, estórias, valores; o outro é específico à própria pintura. A novidade dos impressionistas é que os seus quadros não são vistos como uma imitação da natureza, mas uma reação às suas formas, tornadas mero pretexto, ponto de partida exterior à arte. Monet não pretendia pintar catedrais, mas sim «fazer a pintura crescer nas paredes da catedral. A sua tarefa principal não era a luz e as sombras, mas sim a pintura que se encontrava na sombra e na luz» ([37]). Os impressionistas não dependem do mundo exterior, tal como a pérola não depende da concha para crescer; ponto de partida necessário, mas exterior.

O grande passo seguinte é dado por Cézanne, que começou a pintar formas geométricas puras, cones, cubos e esferas, limitando-se a cobri-las de aparências de objetos habituais, frutos ou elementos de paisagens. Conserva as figuras, mas, ao mesmo tempo, indica que não são indispensáveis. A sua lição foi retomada e amplificada pelos cubistas, que propõem integrar na sua representação dos objetos a dimensão temporal, o que tem o efeito de decompor ainda mais radicalmente o objeto nos seus elementos constitutivos. Estamos então na presença «de um ataque à integridade dos objetos, da sua rutura, da sua divisão, o que nos aproxima da aniquilação do figurativo na arte da criação», escreve Malevich em 1915. Pouco depois, descreve o cubismo como «a arma pela qual excluímos da consciência a nossa compreensão da coisa como um todo». Alguns anos mais tarde, conclui: «Graças à pulverização do objeto, os cubistas foram para além do campo figurativo e, a partir desse momento, deram início a uma cultura puramente pictórica.» ([38]) Em contrapartida, os futuristas não inovaram na pintura de maneira radical, pois limitaram-se a introduzir novos objetos (as máquinas) ou novas categorias (a velocidade, o dinamismo).

Esta história linear do progresso da pintura reconstituída a partir do seu ponto de chegada, a rejeição radical da figuração que define o suprematismo, não corresponde exatamente à evolução do pintor Malevich. Diz ter compreendido o contributo dos impressionistas desde 1905, mas, pouco depois, entra num período mais próximo do simbolismo. Do mesmo modo, durante a sua fase neoprimitivista, em 1910-1912, não procura afastar toda a figuração. Goncharova, de quem se sente então próximo, declarava num debate em fevereiro de 1912: «Afirmo que aquilo que é representado pelo artista nunca foi nem será indiferente, ainda que seja extremamente importante considerar como ele encarna o seu ideal.» ([39]) Ele próprio declara então a um jornalista que o motivo pelo qual Larionov e Goncharova já não fazem parte do grupo do Valete de Ouros é que «esses pintores, tendo uma tendência para as estórias, para as curiosidades e para as referências literárias na pintura, afastam a pintura pura para segundo plano». Os pintores do «Rabo do Burro» (logo, ele também), conclui ele, «consideram insuficiente cultivar apenas a tarefa "pictórica": vão mais longe, desenvolvendo a pintura e, ao mesmo tempo, exprimindo a essência das formas que procuram conhecer». Os quadros dos pintores deste grupo caracterizam-se então pela importância ainda atribuída ao objeto representado.

Malevich confirma-o, duas décadas depois, na sua autobiografia: «Todas as nossas obras [de Goncharova e dele próprio, que representam cenas da vida camponesa] tinham em si mesmas um conteúdo, as nossas personagens, ainda que exprimidas em formas primitivas, apresentavam um quadro social.» ([40])

O facto é que o suprematismo, ao qual ele chega em 1915, é um abandono total do mundo dos objetos, no lugar dos quais Malevich pinta figuras geométricas, linhas, triângulos, retângulos e círculos, justapostos ou cruzados, dos quais os mais emblemáticos são normalmente chamados *Quadrado Negro* (S 116), *Círculo Negro* (S 195), *Cruz Negra* (S 206) (todos de 1915) e cujo exemplo último é, talvez, o *Quadrado Branco* (sobre fundo branco, S 477), de 1918. Nestas imagens, a conceção é decisiva, a execução secundária (no limite, poderia ser confiada a outra pessoa) e resulta logicamente no desaparecimento total das imagens. Ao direcionar-se para a abstração, Malevich inventa ao mesmo tempo aquilo a que chamamos a arte conceptual. Estas formas elementares não são apenas o resultado derradeiro da decomposição das figuras, a que se dedica Malevich; representam também os átomos, entidades indivisíveis que, pelas suas combinações e transformações, permitem engendrar um mundo novo. Como escreve a Matiuchine a propósito de um trabalho comum: «A cortina representa um quadrado negro, o embrião de todas as possibilidades adquire no seu desenvolvimento uma força terrível, torna-se o antepassado do cubo e da esfera.» ([41]) Em seguida, adotará, de preferência o «suprematismo», o termo «*bespredmetnyj*», literalmente «sem-objeto», mas cujo uso corresponde mais ou menos ao do termo «não figurativo». Podemos ver este desejo de superação do mundo-com-objetos e a sua substituição pelo sem-objeto como uma nova encarnação do espírito gnóstico adotado pelos primeiros cristãos, que postulavam a rutura radical entre o mundo terreno e o ideal divino, com um certo desprezo pelo primeiro e a sacralização do segundo, sem possibilidade de passagem de um para o outro.

A ideia de aceder às formas elementares da arte para depois combiná-las de nova maneira estava já presente nos escritos de Khlebnikov sobre a língua e a poesia transmentais. Num texto intitulado «A Nossa Base», este escrevia: «Toda a plenitude da língua deve ser decomposta em unidades fundamentais de "verdades primeiras"; poder-se-á então elaborar uma espécie de lei de Mendeleev para as sonomatérias.» A identidade que Khlebnikov atribuía a estes novos elementos químicos devia interessar ao pintor Malevich: «Os corpos elementares da língua – os sons do alfabeto – são os nomes das diversas formas de espaço, a enumeração dos casos da vida do espaço» (em «Os pintores do Mundo») ([42]). A partir de uma análise do vocabulário existente, Khlebnikov acreditava que podia estabelecer o sentido dos sons da língua, podendo depois construir as suas palavras transmentais, ou seja, as regras racionais da língua. Aplicava o mesmo método ao mundo dos números, procurando regularidades entre as datas de acontecimentos históricos aparentados.

Foi depois de uma visita de Khlebnikov à sua casa que Malevich, ao trabalhar num quadro suprematista, se deu conta do seu novo papel de demiurgo, criador de mundos. «Descobri combinações muito complexas, fiquei aterrorizado, sinto o contacto do espaço», escreve ele a Matiuchine. «Descubro algo de novo no quadro, a lei do nascimento das formas devido às suas distâncias. [...] Vejo o meu quadrado como uma porta que me revelou muitas coisas novas.» O que lhe dá, por sua vez, vontade de ver o seu quadro como uma espécie de tabela de Mendeleev, «com a ajuda da qual se poderiam ler os segredos ocultos do nosso Eu». Alguns dias depois, descreve-se ao mesmo correspondente como habitante de um lugar inteiramente vazio que possibilita toda a criação. «Exijo a música do deserto. O deserto das cores. O deserto da palavra. [...] Aqui, no deserto, somos livres. [...] É aqui que está o homem novo procurado por Uspenski e pelos outros.» ([43])

Os dois grandes princípios que Malevich defende ao longo de toda a sua demanda vanguardista – a necessidade de se renovar constantemente e a necessidade de aceder à essência da pintura – podem ser cultivados de forma paralela durante algum tempo ou amparar-se mutuamente, como sugerirá Malevich após a revolução de Outubro: «A letra, o som, a cor, o movimento como tais – estes são os elementos através dos quais nascerá o novo.» ([44]) No entanto, chega um momento em que acabam por entrar em conflito. O primeiro é, com efeito, formal e relativo, é preciso mudar por mudar, o segundo diz respeito à identidade da arte que se produz, e é absoluto. Depois de se alcançar esta essência, já não é possível ir mais longe e a mudança deixa de ser desejável. O suprematista, tendo acedido a este último estado, já não deve ser abandonado e o princípio de renovação torna-se caduco. Mas, depois de ter acesso a este estado supremo, o que resta ao pintor fazer? Depois de ter produzido mais de 600 imagens suprematistas, nos anos 1915-1918, Malevich toma a decisão que decorre logicamente do seu percurso: tendo alcançado o nada e o infinito, deixa de pintar obras originais e dedica os dez anos seguintes à escrita dos seus textos teóricos. O conceito substitui a imagem.

O trunfo desta ideia – a exigência de praticar uma pintura «pura», de eliminar progressivamente da sua arte tudo o que não lhe pertence de forma exclusiva – marca todo o início do século XX. Em Malevich, é influenciada pelas pesquisas conduzidas paralelamente por Khlebnikov no domínio da língua e da poesia, mas este, por seu lado, não parte de nada. A ideia assenta desde logo numa tradição ocidental muito antiga, segundo a qual um valor superior é associado à atividade que não remete para nada além de si mesmo, enquanto o instrumento que conduz a esse fim possui apenas um valor subalterno, auxiliar. Platão define o bem soberano pelo facto de se bastar a si mesmo: quem tiver acesso a ele possui, «de forma plena e inteira, a suficiência mais completa»; deste modo, «já não precisa de mais nada». Alguns séculos depois, esta definição será retomada no seio da doutrina cristã. É nestes termos que, em finais do século IV, Santo Agostinho descreve a diferença nos sentimentos que temos em relação a Deus e aos homens: de todas as coisas e de todos os seres, podemos *fazer uso* em vista de um fim que os transcende, de Deus devemos limitar-nos a *desfrutar*, ou seja, a amá-lo em si mesmo.

Em inícios do século XVIII, esta definição será deslocada para a experiência estética e para a obra de arte, pois ver-se-á nela uma encarnação da beleza, definida desta maneira. A estética romântica, a arte pela arte e os movimentos artísticos de finais do século XIX, como o simbolismo, invocarão a separação entre práticas utilitárias e práticas de finalidade estética. Malevich reencontra aqui a conceção platónica do bem, mas este é agora encarnado pela arte. Ele escreve: «A arte é imóvel, pois é perfeita. A arte não tem fim e nem deve tê-lo, pois é absoluta. – Pelo contrário, pode ser o fim de tudo o que se move, pois move-se aquilo que é imperfeito.» ([45])

Nisto, Khlebnikov e Malevich não rompem com todas as tradições, mas conduzem uma delas ao seu ponto extremo. As suas teses baseiam-se, ao mesmo tempo, numa evolução que envolve totalmente as sociedades europeias e que consiste em problematizar a própria relação entre meio e fim, útil e objetivo. Esta evolução está ligada ao espírito individualista cada vez mais forte, que leva a que o indivíduo recuse ver-se como ocupando uma posição hierárquica inferior e, de acordo com os princípios democráticos, quer ser tratado em pé de igualdade com todos os outros indivíduos. O indivíduo torna-se um fim legítimo das suas próprias ações, e este modelo estende-se a muitas das suas práticas; se as ações necessárias à sua sobrevivência não podem deixar de servir um fim, as que ocupam uma posição suprema não devem remeter para nada mais do que elas próprias. Malevich aplica literalmente esta lição à sua própria vida: a arte ocupa nela o lugar do sagrado. O seu amigo Kliun conta esta história que ilustra a sua intransigência: «No que diz respeito à arte, não havia força que pudesse desviá-lo da via que escolheu. [...] Pela arte, Malevich estava disposto a servir-se de tudo.» Certa vez, ouvindo-o falar assim, a sua mulher pergunta-lhe: «O quê, servir-te-ás também de mim? – Pela arte, Sonia, também me serviria de ti.» Reconhecemos este espírito no retrato de Malevich feito por Bakhtin: «Era um homem absolutamente desinteressado, absolutamente. Não corria atrás do sucesso, atrás da carreira, atrás do dinheiro, atrás da boa comida – não precisava de nada disso. Era, se quisermos, um asceta apaixonado pelas suas ideias.» ([46])

Nesta ótica, o artista aproxima-se de Deus por produzir obras que remetem apenas para si próprias (na terminologia de Santo Agostinho, que existem para delas desfrutarmos e não para as usarmos). Além disso, tendo-se libertado do condicionalismo exterior, que lhe impunha produzir imagens próximas da perceção comum, o pintor assemelha-se ao deus do monoteísmo por outro traço, a liberdade ilimitada com que fabrica o mundo. O mesmo vale para o poeta, até então submetido à obrigação de produzir enunciados providos de sentido. Quando Khlebnikov começa a criar os seus poemas transmentais e Malevich renuncia a qualquer traço figurativo para criar apenas obras de pintura pura, formas geométricas suprematistas, suprimem todas as limitações impostas do exterior às suas criações, tornam-se demiurgos só responsáveis perante si mesmos. Tanto Khlebnikov como Malevich adotam regras estritas para produzir as suas obras, mas estas regras só dependem deles próprios; para os espectadores e leitores que as ignoram, essas obras parecem arbitrárias, ao contrário dos quadros que apresentam as formas familiares dos objetos do mundo, ou dos poemas que usam as palavras da língua comum. O próprio Khlebnikov está consciente do perigo: «Aquilo que foi escrito apenas com a ajuda de palavras novas não afeta a consciência», escreve ele. De resto, num texto dedicado a Khlebnikov em 1923, logo após a morte do poeta, Malevich descreve-o não como um praticante da língua transrracional, mas como um poeta que nunca perde o contacto com o sentido comum; como um habitante não dos espaços interstelares, mas da Terra. «Velimir Khlebnikov foi um dos cometas atraídos pela Terra no seu sistema de acontecimentos, da razão, dos números, da língua.» ([47])

Esta constatação aponta para um problema real. Podemos compreender a aspiração dos artistas, poetas ou pintores, a desembaraçarem-se de todos os elementos exteriores à sua arte, vindos do mundo que os rodeia; para eles, o seu trabalho só lida com uma matéria específica, as palavras para uns, as cores e as formas para os outros; é nisto que reside a especialidade deles, é aí que se manifesta a sua competência. No entanto, tanto as palavras como as imagens têm a particularidade de serem duplas, presença material e evocação mental; amputadas deste laço constitutivo, perdem a sua identidade. Uma palavra que não tenha sentido deixa de ser uma palavra. A «poesia como tal», a «pintura como tal» não residem numa sensação intransitiva, autossuficiente; a arte deixa de ser arte se perder toda a relação com o mundo comum. A expressão mais equilibrada de Goncharova («aquilo que é representado pela arte nunca é indiferente») está mais próxima da atividade concreta dos pintores. É verdade que toda a arte é abstrata, segundo uma expressão de Matisse que os membros da vanguarda russa gostam de citar, no sentido em que qualquer pintor trabalha formas visuais; mas esta qualificação não é uma definição, pois toda a arte é também criadora de sentido, ou seja, não se limita a uma presença, mas, ao mesmo tempo, cria um alhures.

A submissão da obra de arte apenas às exigências que decorrem da sua própria natureza tem outra consequência evidente: exclui a possibilidade de a arte servir qualquer outro objetivo. Na Rússia pré-revolucionária, este imperativo nada tem de chocante, é comum não só aos futuristas e aos suprematistas, mas também às outras correntes artísticas, como os simbolistas. Em contrapartida, após a revolução de Outubro, na agitação política que se apoderou dos espíritos, começam a elevar-se vozes a exigir aos artistas que não se contentem com a sua própria revolução, interior à sua arte e apenas paralela à revolução política, mas que sirvam esta. Os artistas veem perfilar-se aí um novo perigo para a sua autonomia conquistada com muito esforço. No órgão dos futuristas de Petrogrado, *A Arte da Comuna*, onde Malevich também publica, outro futurista, Viktor Chklovski, escritor e teórico da literatura, redige em 1919 um artigo intitulado «Sobre a Arte e a Revolução», no qual podemos ler esta frase, muitas vezes citada depois: «A arte foi sempre livre em relação à vida, e a sua cor nunca refletiu a cor da bandeira sobre a fortaleza da cidade.» O «sempre» e o «nunca» que figuram nesta frase serão fortemente questionados nos anos seguintes. O poder político também superou o conflito potencial entre o culto da inovação e a afirmação do resultado conquistado: rejeitou a ideia de revolução permanente e dedica-se doravante à consolidação do regime. E como a sociedade engloba a arte que se cria no seu seio, qualquer ideia de autonomia artística torna-se uma heresia: a arte, como tudo o resto, deve colocar-se ao serviço do projeto comunista. O paralelismo das duas revoluções deixa de ser possível.

CAPÍTULO 5

Os anos de desencanto

Tendo de abandonar Vitebsk, Malevich tenta regressar a Moscovo, mas enfrenta a resistência das pessoas que ocupam os principais cargos no mundo da arte; opta então por Petrogrado, o outro grande centro da vida cultural, onde se instala em finais de 1922 e onde habitará até ao fim da vida. No entanto, também aqui enfrenta a hostilidade dos meios artísticos, o que explica as mudanças frequentes das suas afiliações administrativas. Começa por trabalhar no Museu da Cultura Artística, depois no Instituto de Estado da Cultura Artística – até à sua dissolução em 1926. Após a sua viagem ao estrangeiro, na primeira metade de 1927, começa a ensinar no Instituto de Estado de História da Arte, mas é aí cada vez mais contestado. Em 1928, ministra cursos em Kiev, na Ucrânia; em 1929, é afastado do Instituto de Leninegrado. Em 1930, os cursos de Kiev são interrompidos e passa a dar aulas na Casa das Artes da sua cidade.

Os rendimentos do ensino são irregulares, não vende quadros, a sua vida está próxima da miséria e tem de sustentar a família: a mãe que vive com ele, a esposa e a filha ainda criança. As suas cartas mostram-no com fome, doente, sempre à procura de dinheiro. A situação é particularmente dramática a partir de 1924, quando a mulher é afetada por tuberculose. «Eu próprio estou agora de má saúde, estado de nervos muito mau, sem dinheiro, sem comida, sem roupas.» Certos dias, nem tem dinheiro para os selos das suas cartas. «Tenho dinheiro para alguns dias, não tenho com que pagar medicamentos nem para comer.» A mulher falecerá em 1925. Nos anos seguintes, as privações não acabam. As suas cartas de 1932-1933 mostram-no ainda sempre com fome, fazendo visitas frequentes aos amigos para poder comer ou aquecer-se. É «um tempo terrível» ([48]), escreve ele à sua (nova) mulher.

É cada vez mais frequentemente atacado na imprensa, tanto pelos que o acusam de praticar uma arte demasiado moderna (os pintores realistas tradicionais) como pelos que julgam que ele não coloca suficientemente a sua arte ao serviço da sociedade (os construtivistas). A sua orientação é considerada ora anarquista, ora claramente contrarrevolucionária. É também qualificado como obscurantista, místico, idealista, os seus escritos são incompreensíveis, a sua corrente, o suprematismo, é inclassificável. Ainda mais grave, é descrito como formalista, individualista, logo inimigo de classe, inimigo do proletariado. Em junho de 1926, um artigo do *Pravda*, intitulado «Um Mosteiro à Custa do Estado», acusa o seu laboratório de pesquisas pictóricas, no Instituto onde ensina, de ser um ninho de místicos que difundem propaganda contrarrevolucionária, do qual, por isso, se deve cortar os créditos. Isto acontecerá antes do fim do ano. Em junho de 1931, os quadros de Malevich são incluídos numa exposição inaugurada em Leninegrado, intitulada «A Arte na Época do Imperialismo». As imagens produzidas pelos pintores vanguardistas são reunidas para mostrar até onde pode cair esta arte conforme ao espírito imperialista.

É de admirar que, apesar de todos estes ataques, Malevich não seja privado de toda a possibilidade de trabalhar ou até enviado para um campo de reeducação. O motivo desta clemência relativa é, provavelmente, a proteção de que beneficia por parte de alguns antigos revolucionários, que se tornaram altos funcionários, sobretudo o comissário para os assuntos de educação e de cultura desde 1917 até 1929, Anatoli Lunacharski, um homem consciente do lugar que Malevich ocupa na história da arte contemporânea, como o demonstra um texto que dedica à sua exposição na Alemanha: «O artista Malevich, apesar de uma abordagem exclusiva à pintura, é certamente um grande mestre. [...] No seu género, Malevich alcançou resultados consideráveis e demonstrou um grande talento.» ([49])

Outro protetor, ainda mais próximo, com quem o pintor troca correspondência, é Kiril Chutko, que já conhecemos, membro do partido bolchevique desde 1902, íntimo de Malevich desde os dias revolucionários de 1905 em Moscovo, e que, a partir de Outubro, ocupa altas funções administrativas no domínio da cultura. É a ele que Malevich se queixa das perseguições que sofre, que alerta para os efeitos deploráveis da censura e da repressão sobre a evolução da arte soviética. Após o suicídio de Maiakovski em abril de 1930, suicídio motivado por razões sentimentais, mas também pela dificuldade crescente de viver no mundo soviético que o poeta tão fervorosamente defendeu, Malevich lembra a Chutko que é sistematicamente impedido de trabalhar, mas que – por agora – se absterá de seguir o exemplo do seu camarada futurista. Outro precedente lhe vem ao espírito, o de Giordano Bruno: todos os inovadores são ameaçados de perseguição. «Posso sofrer como Bruno. Mas as minhas formas ficarão, tal como ficaram as provas de Bruno.» ([50])

Por várias vezes, Chutko salvará Malevich de um destino funesto. Mas ele próprio não escapará a esse destino. Detido em 1938, morrerá no campo em 1941. Podemos dizer sem qualquer hesitação que, se não tivesse morrido em 1935, Malevich teria conhecido a mesma sorte em finais dos anos 1930. Um ano após a sua morte, por decisão de Kerjentsev, alto responsável pelos assuntos artísticos da URSS, os seus quadros são removidos das galerias, retirados dos museus e guardados em espaços só acessíveis aos especialistas. Trata-se da mesma personagem que já reprimira as obras de Bulgakov ou de Chostakovitch e que, pouco depois, realizará a campanha de difamação contra Meyerhold que conduzirá ao seu fim trágico. O destino do encenador, companheiro revolucionário de Malevich no domínio do teatro, sugere também este desfecho.

O desencanto do pintor em relação à evolução social começa logo após Outubro de 1917 (em 1918, já escrevia que «a bota gigantesca esmaga a pessoa»; em 1919, anunciava numa carta aberta: «Não sou um socialista») ([51]), mas só se torna radical após a sua saída de Vitebsk. Contudo, por razões fáceis de compreender, este desencanto não é claramente exprimido nos escritos destinados a publicação. Podemos ficar com uma ideia daquilo que Malevich pensa sobre o estado da vida pública na Rússia a partir dos textos redigidos por ele próprio ou de algumas mensagens que envia a conhecidos fora do país. Assim, em 1924, queixa-se ao artista El Lissitzky, antigo colaborador instalado então em Munique, de que se sente vigiado pela censura; aconselha-o a não regressar à Rússia (Lissitzky, animado de fervor revolucionário, não segue o conselho). Ele próprio sonha partir para o estrangeiro.

Para ele, os motivos da sua oposição cada vez mais frontal à ideologia soviética não são um mistério. Desde a época de Vitebsk que reparou num novo perigo para as suas teorias e para a sua prática. A mudança a que Malevich aspira é tripla: em relação ao passado, é preciso inovar; em relação ao mundo, não se deve copiar de forma servil; mas, além disso, em relação ao uso que se fará dessas obras, é preciso romper com a exigência de utilidade. Para elevar a arte à dignidade suprema, ela não deve servir. Os artistas tradicionais, naturalistas, violam as duas primeiras exigências; os construtivistas, até os mais modernos no plano formal, violam a terceira. Sobre este ponto, o conflito com a ideologia dominante é inevitável. Em 1924, Malevich constatará: «Hoje, volta-se a ver a arte como uma serva, um valete, uma camareira bem arranjada, vê-se a arte como aquilo que acompanha o Estado e os seus santos heróis ideológicos, dando-lhes uma bela figura.» ([52])

É o argumento que ele já desenvolvia numa carta aos pintores holandeses, redigida em Vitebsk em setembro de 1921 e reformulada em fevereiro de 1922. Com efeito, os adversários dos suprematistas, ao formarem um «campo hostil», são de duas espécies: os defensores das formas tradicionais de arte, um «cemitério de pintores», e os inovadores chamados «construtivistas», que pretendem submeter a ideia da arte a exigências práticas. Estes construtivistas provêm dos mesmos grupos futuristas a que Malevich pertenceu, são até antigos camaradas, Maiakovski, Brik, Rodchenko, mas que seguiram uma direção diferente: querem que a sua arte seja útil à sociedade e, assim, submetem-na a uma lógica que lhe é exterior. «O grande erro de todos os inovadores consiste em aspirarem a um fim prático, conforme ao mundo dos objetos.» Quanto à escola de Malevich, os suprematistas, definem-se precisamente pela sua rejeição de toda a utilidade e pelo seu desejo de sair do mundo dos objetos. «Não reconhecemos fim, também não reconhecemos as considerações práticas ou outras finalidades, tal como não as conhece o próprio ser do cosmos.» Com efeito, este é o principal argumento de Malevich: é preciso sair do pensamento finalista, pois é estranho à natureza. «Existirão necessidades no ser das criações cósmicas? Não, e, portanto, o homem também não as tem. [...] Na sua criação de eterna agitação, o nosso planeta não sabe se as montanhas e os mares serão úteis a uma finalidade.» ([53]) Malevich não explica por que razão as atividades humanas devem ser decalcadas dos movimentos que formam a superfície do nosso planeta; a verdade é que, a partir desse momento, a vanguarda russa, surgida nos anos pré-revolucionários, divide-se em duas correntes irreconciliáveis; por um lado, os construtivistas, para quem a revolução artística é necessária, mas que deve manter-se subordinada aos objetivos da revolução social; por outro, os suprematistas, que defendem que as duas revoluções devem manter-se autónomas, e a relação entre elas só pode ser, quando muito, de coordenação e não de subordinação.

Malevich volta aos mesmos temas cinco anos depois, quando se dirige de novo a artistas ocidentais, a quem quer explicar a situação russa, como ao artista dadaísta Kurt Schwitters, que reside na Alemanha. A carta que lhe envia (e que o destinatário provavelmente nunca recebeu) é um ataque argumentado contra os construtivistas. «Os pintores contemporâneos, metamorfoseados em construtivistas sob a influência da "técnica finalista", renunciaram à Arte», só pensam em aperfeiçoar as comodidades da vida quotidiana, a cozinha, o automóvel. «Os novos pintores, revolucionários de espírito, foram atraídos pelas mudanças políticas e económicas das relações humanas; por conseguinte, os novos resultados artísticos são por eles interpretados como um novo meio técnico de exprimir as relações político-económicas. Em ver de revelarem a arte como tal, libertando-a das ideologias, e de criarem uma arte realmente nova na sua forma, agarraram-se à ilustração, à representação.»

Aquilo que censura aos seus antigos camaradas não é o facto de fazerem (ou de amarem) a revolução política, mas de o fazerem submetendo-lhe a arte – um meio que serve mal a revolução e que degrada a arte. «Teria sido muito mais apropriado ir para as barricadas não com telas, mas com ferramentas mais expressivas.» Na sua *Autobiografia*, afirma que esta divisão dos meios se tornara clara para ele desde as revoltas de 1905: «Eu dizia então que, se me tornasse revolucionário, lutaria não com o meu pincel, mas com um revólver; em contrapartida, pintaria os quadros tal como se impõem na minha imaginação.» ([54])

Para os construtivistas e os seus simpatizantes, a criação artística deve submeter-se a uma instância exterior, concretamente àquilo a que chamam um «comando social»; para Malevich, os dois devem estar separados. É neste ponto que encontra o principal critério que lhe permite sentir-se ou não em afinidade com outro artista. Por exemplo, com Meyerhold. Na verdade, este mudara totalmente a sua atitude nos anos que se seguiram à revolução: inicialmente defensor da autonomia da arte, tornou-se um promotor da arte ao serviço do regime soviético. Inscrito no partido comunista desde 1918, aderiu sem reservas à doutrina bolchevique da ditadura do proletariado: tudo tinha de contribuir para a construção do comunismo. Fez o elogio do materialismo histórico, fundamento da doutrina comunista, aderiu à admiração oficial pelo taylorismo, que reduz o homem a um apêndice da máquina, e, no mesmo espírito, promoveu o seu método biomecânico da representação dos atores. Reconhecia-se na ação dos construtivistas, colaborava com Maiakovski e Rodchenko (este fazia os cenários da nova peça de Maiakovski, no lugar de Malevich). Também proclamava que o objetivo derradeiro do teatro devia ser a agitação e a propaganda políticas.

No entanto, no passado recente, mostrou sinais de um regresso a posições mais equilibradas. Malevich aproveita a ocasião para lhe escrever e felicitá-lo pela direção que a sua obra agora seguiu. Na carta que lhe dirige em 1 de janeiro de 1927, louva-o pela sua encenação do *Revizor* de Gogol, invocando esta razão precisa: pode ter aderido à ideologia bolchevique, mas os seus espetáculos têm justificação em si mesmos. Na divisão de águas agora realizada pelo pintor, o encenador cai para o lado bom. Malevich opõe-no ao seu antigo mestre

Stanislavski: este submete-se ao texto preexistente e limita-se a «dotar obras já feitas de uma nova forma artística, numa ótica teatral», enquanto, nos seus espetáculos, Meyerhold se tornou o verdadeiro autor. O encenador não trata o texto como uma autoridade exterior, mas como um elemento entre outros do seu espetáculo. O teatro decorrente da revolução e o teatro que se refere à arte não se confundem. «A causa da arte é diferente, não é a revolução.» ([55])

O cineasta Eisenstein, pelo contrário, embora pertença ao mesmo movimento construtivista e seja discípulo de Meyerhold, situa-se do outro lado da fronteira. Numa carta que lhe dirige, Malevich indica que assimila a sua posição à de Maiakovski e da sua revista *LEF*. Insiste: «Não estou de acordo com esta linha.» A diferença entre os dois é que Eisenstein é um «monista», para quem arte e revolução participam da mesma continuidade. Malevich, a este respeito, seria dualista: a vida material e a arte não obedecem às mesmas lógicas. O próprio Eisenstein, ao recordar (em 1940) Vitebsk em 1920, marca igualmente a distância que o separa de Malevich, mas formula-o de maneira diferente: «Aqui passa a linha de demarcação em que se tocam as pessoas de esquerda e [os artistas] de esquerda. De esquerda na revolução e os últimos estertores dos estetas de esquerda.» ([56]) Em acordo sobre a existência da oposição, os dois artistas têm opiniões opostas sobre ela: cada um acredita na cegueira do outro.

Malevich não se afastará desta posição, apesar de todos os inconvenientes que lhe causa. A defesa de uma pintura de cavalete «como tal» contra uma pintura «monumental política», «puramente temática», nunca deve parar. Na sua *Autobiografia*, afirma que se manteve sempre fiel a esta posição, não só no momento em que escreve (em 1933), mas desde a época já longínqua dos debates futuristas. «Em cada reunião, debatiam-se métodos de luta contra a ordem estabelecida na sociedade e a sua relação com a arte. Afirmar a arte nova, despertar no pintor a sua independência da sociedade, restabelecer os direitos da arte independente e o novo direito do próprio pintor era a principal tarefa de todas as nossas intervenções. Consideramos um crime a orientação para a lógica da sociedade e para o seu gosto estético.» Ele próprio e os seus companheiros, como Goncharova e Larionov, acreditam desde essa época «que a arte deve ser livre, que face a esta nada deve ser escondido ou proibido: o pintor é uma pessoa livre de tudo o que não é construído pictorialmente [...], não tem qualquer dependência para além da sua relação pictórica com o mundo. [...] Ao estudar as novas ideias da pintura, verificámos a sua incompatibilidade, a sua contradição com as ideias políticas ou religiosas.» ([57]) Outras memórias da mesma época confirmam a separação dos domínios durante estes anos: num primeiro tempo, os futuristas defendem a arte pura e não a arte comprometida (vimos isto com Maiakovski).

Até aos seus últimos dias, Malevich espera poder voltar a este combate. Descreve assim ao seu amigo Kliun o seu sonho de fundar um novo grupo, cuja «causa principal seria libertar a arte de toda a dependência em relação a uma ideologia produtivista». Acredita nisto: «A arte não será propagandista, será como tal.» ([58]) No entanto, esta divisão não resistiu ao impacto da guerra, a partir de 1914, e ainda menos ao da revolução de 1917.

Fig. 1: *O Ceifeiro I*, Museu de Nijni Novgorod.

Fig. 2: *Rosto de um Homem Futuro*, São Petersburgo, Museu Nacional Russo.

Fig. 3: *Camponesa de Rosto Negro*, São Petersburgo, Museu Nacional Russo.

Fig. 4: *Paisagem com Casa Branca*, São Petersburgo, Museu Nacional Russo.

Fig. 5: *A Casa Vermelha*, São Petersburgo, Museu Nacional Russo.

Fig. 6: *Sensação de um Homem Aprisionado*, local desconhecido.

Fig. 7: *Pressentimento Complexo*, São Petersburgo, Museu Nacional Russo.

Fig. 8: *Camponeses*, São Petersburgo, Museu Nacional Russo.

Fig. 9: *Sensação de Perigo*, Paris, Museu Nacional de Arte Moderna, Centre Georges-Pompidou.

Fig. 10: *Autorretrato*, São Petersburgo, Museu Nacional Russo.

CAPÍTULO 6

Crítica do comunismo

Esta crítica à ideologia soviética, culpada de ter reduzido a arte ao papel de valete ou de camareira bem arranjada, não é a única formulada por Malevich. Em meados dos anos 1920, enceta uma análise crítica do regime «como tal». O clique parece ter-se produzido no seu espírito na altura da morte de Lenine: depois de ele próprio ter ficado surpreendido com essa morte, observa em todo o país a transformação do líder defunto em ídolo. Nos meses que se seguem a esta morte, Malevich escreve uma exposição sistemática das suas opiniões, a que dá o título de *Excertos do Livro Sobre o Sem-objeto*; termina o seu trabalho no verão de 1924. Num primeiro tempo, portanto, o próprio Malevich parece participar no movimento popular e pensar que Lenine era um ser de natureza superior que não podia estar totalmente morto, e que alguns símbolos materiais deviam indicar esta unidade entre a pessoa e a eternidade. Estava convencido de que o quadrado negro podia ser a imagem de Deus (ou da perfeição); neste caso, o objeto que melhor se prestaria a esta imortalização do guia seria o cubo – não uma figura geométrica entre outras, mas o elemento primordial identificado pelo suprematismo. É o «novo objeto graças ao qual podemos tentar representar a eternidade, criar um novo conjunto de circunstâncias, que permitam manter a vida eterna de Lenine, fazendo-o triunfar sobre a morte». O cubo estaria tanto na forma do mausoléu que acolheria o corpo do guia como em pequenos altares instalados em casa de cada leninista.

Talvez impressionado pela maneira quase religiosa como é tratado o guia do país após a sua morte, Malevich constata a identidade de estrutura entre a religião «celestial» (o cristianismo) e a religião terrestre (o comunismo). Nos dois casos, deificou-se um homem após a sua morte, o que é uma traição ao chefe-profeta pelos seus discípulos e partidários, tanto mais chocante no caso do comunismo já que Lenine se considerava o inimigo da religião, enquanto o comunismo se tornava também uma religião. O motivo desta mutação é claro: como já sabiam os governantes do povo na época cristã, «é mais fácil governar por meio de Deus e do Diabo». ([59])

A segunda grande semelhança entre a religião antiga e o comunismo reside no seu carácter totalizador e exclusivo. A exposição de Malevich começa por um texto sublinhado, com estas primeiras frases: «É claro que o Estado não pode seguir senão a lei de Deus. Segundo o povo, Deus é aquele que reprime todos os pensamentos diferentes: "Não terás outro Deus além de mim", ou seja, só deves pensar em mim. Cada pessoa que pense de maneira diferente é minha inimiga, e oprimi-la-ei, pois eu, Deus, sou a verdadeira luz.» O autor explica: «O Estado é o aparelho de opressão dos que pensam de maneira diferente, e diz: "Não terás outro Governo para além de mim. Cada pessoa que pense noutro Governo é minha inimiga e oprimi-la-ei, pois a minha luz é a verdade".» O Estado ocupou o lugar de Deus e, tal como o seu antecessor, não aceita os que pensam de maneira diferente. Ao que se acrescenta outra característica, também retirada dos livros sagrados: quem não estiver comigo está contra mim. Qualquer desacordo é visto em termos de oposição total, e como o Estado encarna agora a luz, o inimigo é certamente uma encarnação das trevas e do mal. «A burguesia tornou-se o diabo contemporâneo, que atormenta os ortodoxos que acreditam nele, mas que é com ele que será salva, quem não está com ele, está com o diabo, com a burguesia, e irá parar ao inferno eterno.» ([60])

Podemos também encontrar semelhanças nos rituais ou nos emblemas utilizados aqui e ali, ainda que não sejam completos. As chaminés das fábricas substituem, como símbolo, os campanários das igrejas; em vez da cruz, temos a foice e o martelo. De forma mais significativa, a luz metafórica da Revelação é substituída pela iluminação muito real das ruas e das casas (a famosa expressão de Lenine, «O comunismo é os Sovietes mais a eletricidade», adquire aqui um novo sentido). O Estado dirige-se assim a cada indivíduo: «Dar-te-ei uma luz elétrica e, com esta nova luz, verás que não há outro deus senão eu à face da Terra, que a única luz é a verdadeira luz materialista.» Por vezes, as diferenças entre a antiga e a nova religião são mais delimitadas. Uma nota contemporânea indica, sobretudo, uma variação de intensidade: «O comunismo é o ódio em estado puro, é o destruidor do repouso, pois aspira a submeter todos os pensamentos e a aniquilá-los. Nenhum tempo conheceu a escravatura trazida pelo comunismo, pois a vida de cada um depende aí do seu chefe.» ([61])

Outro texto, datado de 1930 e intitulado *Esboço Autobiográfico*, faz referência ao mesmo tema, mas que não é evocado na biografia do pintor. Termina com uma longa prosopopeia de Cristo, que cita as ideias de um autor chamado K. Malevich (!). Em primeiro lugar, declara ele, se as duas doutrinas se assemelham na sua essência, os métodos utilizados para alcançarem os seus objetivos não são os mesmos. «Jesus» acrescenta: «As medidas graças às quais impõem as vossas ideias na vida são muito diferentes das minhas, sou contra as medidas restritivas e contra a execução dos adversários.» Do mesmo modo, «Jesus» propõe partilhar as riquezas entre príncipes e mendigos, enquanto os comunistas reduzem toda a população ao estado de mendicidade. Ensina: a terra prometida não está em lado nenhum, pois está no interior de nós. Os comunistas, por seu lado, prometem: construiremos o Reino Socialista e podereis habitá-lo. Em comentário, «Malevich» (a personagem deste *Esboço*) constata: «Desde que começámos a construir uma torre de Babel, não retirámos deste esforço nenhum resultado útil, vimos apenas que matámos muitas pessoas, usámos muitos materiais, sem qualquer proveito.» ([62])

Neste questionamento do projeto comunista de construir uma sociedade nova, Malevich identifica então várias das suas características essenciais: a construção de uma nova religião política, o seu carácter monista, intolerante e maniqueísta, o fracasso económico programado e a afinidade desta utopia social com o progresso tecnológico. Tendo em conta a data de redação deste texto, não podemos deixar de ficar impressionados com a lucidez do seu autor. Poder-se-ia dizer que, no plano político, as suas posições se afastaram das de Maiakovski para se aproximarem das de Zamiatine. Perguntamo-nos se não terá lido *Nós* em manuscrito, o único texto de origem soviética que abre estas perspetivas.

Contudo, encontramos em Zamiatine outra semelhança esclarecedora, aqui ausente, entre a utopia social e as vanguardas artísticas. Ambas identificaram o que julgam ser as formas elementares do mundo e, a partir destas, propõem reconstruir um mundo superior. Na cidade ideal do romance, as pessoas extasiam-se diante da «beleza do quadrado, do cubo, da reta», veneram o cubo, cujo nome é atribuído a uma praça central da cidade. Na conceção estética de Zamiatine, tal como a vemos num texto intitulado *Do Sintetismo* (1922), o momento vanguardista é concebido como um episódio cuja utilidade está esgotada: «O cubismo, o suprematismo, a arte abstrata eram necessários para ver onde não se deve ir» ([63]); o seu autor sonha com um «neorrealismo», além da oposição entre realismo (tese) e simbolismo ou modernismo (antítese). Mas Malevich não se apercebe da semelhança entre o seu próprio projeto suprematista e a utopia comunista que critica.

O *Esboço Autobiográfico* parece nunca ter saído das gavetas de Malevich. Em contrapartida, o seu texto de 1924, *Excerto do Livro...*, pareceu-lhe suficientemente consensual para fazer várias cópias e enviá-las a personalidades comunistas de primeiro plano, como a viúva de Lenine, Krupskaia, o diretor da Tcheka, Derjinski, o comissário para a Educação, Lunacharski, ou o «discípulo favorito» do Partido, Bukharine. Malevich acredita claramente que estes comunistas autênticos partilharão da sua preocupação em não ver o comunismo assimilar-se a uma religião – o que sugere que, nesta época, ainda alimentava algumas ilusões a respeito do regime. Não parece ter recebido qualquer resposta a este envio; no entanto, no seu artigo publicado alguns anos depois, Lunacharski, depois de ter exprimido o seu respeito pelo percurso artístico de Malevich, acrescenta: «Os problemas começam quando Malevich deixa de pintar e se põe a escrever brochuras. [...] Tentei ler os trabalhos teóricos grandiloquentes e obscuros do chefe de fila dos suprematistas. De forma confusa, parece tentar relacionar os seus objetivos e o seu percurso com a revolução e Deus.» ([64]) Se se trata da mesma «brochura», Lunacharski não a deve ter lido com muita atenção.

Em 1933, por ocasião de uma exposição coletiva que cobria os últimos quinze anos, onde Malevich expõe cinco quadros, Bukharine – na época já caído em descrédito, mas ainda influente – publica um artigo sobre a pintura soviética. Depois de o ler, Malevich dirige um comentário cáustico a um dos seus amigos. Bukharine não faz qualquer referência ao texto que recebera, e condena a arte abstrata, que, a seu ver, conduz à morte da pintura, destino funesto provocado pela ausência de conteúdo e pela arbitrariedade da forma. Bukharine interpreta esta evolução como um «impasse da arte burguesa». Mais do que tudo, é esta qualificação política que indigna Malevich. Tem a impressão de que a repartição é exatamente inversa. A arte burguesa é a arte figurativa, «com-objeto»: os burgueses não reagem à imagem, mas à sua mensagem, e, para eles, tal como para Bukharine, «o valor provém do conteúdo ideológico e moral, formulado por meios pictóricos». Esta arte burguesa foi posta em causa pelos impressionistas, pelos cubistas que decompuseram o homem em formas geométricas, por Cézanne, Picasso e Braque. O próprio Malevich inscreve-se nesta linha. «Sim, sou o herói revolucionário que conduziu a arte burguesa ao impasse, mais do que os bolcheviques socialistas. [...] Tenho certamente grande mérito, pois anulei totalmente o rosto do homem e todas as suas propriedades. Já não há pessoas, mas sim uma vida sem-objeto» ([65]), não figurativa.

Num sentido, Malevich tem razão: a arte abstrata, não figurativa, não é uma invenção da burguesia. De facto, é a arte figurativa que acompanha o aumento do poder desta classe desde inícios do século XV até finais do século XIX. Os dirigentes bolcheviques desejam perpetuar a arte «burguesa» – ou seja, figurativa –, substituindo simplesmente a ideologia ao serviço da qual é produzida. As imagens devem glorificar valores – os seus valores –, preservando os antigos meios de expressão. Se há uma revolução na arte, comparável à realizada pelos bolcheviques na sociedade, é a dos artistas de vanguarda como Malevich: ambos destroem a ordem antiga e propõem outra que a substitua.

No entanto, Bukharine tem razão em pensar que não há nada com que se orgulhar em se ter desumanizado a arte, fazendo desaparecer todo o real (aqui chamado «objeto»). De que serve aniquilar o rosto do homem, apagar a existência das pessoas? Mas Bukharine não se dá conta de que se poderia formular o mesmo lamento em relação à revolução bolchevique de que ele é um dos animadores: esta aniquila o homem. Como observou com ironia o historiador Boris Groys: «Após a revolução de Outubro de 1917 e os dois primeiros anos de guerra civil, os vanguardistas russos e quase toda a população que dantes constituía o Império Russo tinham, com razão, a impressão de que esse ponto zero já fora alcançado.» ([66]) Na sua arte, Malevich foi efetivamente um verdadeiro revolucionário, mas será a revolução necessariamente um bem? De resto, a sua opinião já evoluiu, o que talvez explique outra expressão que figura na mesma carta: segundo ele, estaria agora a «reconstituir o homem».

Seguem-se algumas queixas: Malevich tem falta de tudo, não tem comida, arrasta-se com «a barriga vazia». Como explicava vários anos antes, pode saber que as necessidades materiais e utilitárias correspondem ao animal no homem e ao mundo dos objetos, totalmente diferente do da arte, mas não deixa de ser verdade que ele próprio é esse animal que precisa de comer: toda a vida se desenrola no mundo com-objetos. Malevich tenta escrever, mas «uma fome profunda impede a calma [propícia ao trabalho], o animal precisa de comida, mas esta não existe» ([67]). O mundo com-objetos tem uma maneira brutal de chamar a atenção sobre si mesmo. Não deveria esta experiência colocar em dúvida a decisão de separar os dois mundos de forma estanque e de se refugiar no sem-objeto?

CAPÍTULO 7

Evasão e encarceramento

Em algumas das suas cartas, Malevich também se queixa de os representantes das outras correntes artísticas poderem viajar livremente ao estrangeiro, enquanto ele é obrigado a ficar na Rússia. Pede várias vezes autorização para sair, que lhe é recusada. Contudo, em 1926, uma intervenção de Lunacharski ([68]) abre-lhe a porta: é autorizado a ir à Polónia e à Alemanha para mostrar os seus quadros e conhecer as obras criadas pelos seus contemporâneos. Prepara uma boa seleção de telas, de vários períodos da sua criação artística, e leva também numerosos documentos e manuscritos, nomeadamente o do livro em que trabalhou desde os anos de Vitebsk, *Suprematismo. O Mundo Sem-Objeto ou o Repouso Eterno*, e viaja para a Polónia em 1 de março de 1927.

As cartas que envia de Moscovo à sua mulher, nos dias anteriores à sua partida, revelam que a ideia de ficar no estrangeiro não está ausente do seu espírito. Em 21 de fevereiro, conta-lhe que percorreu várias instituições para tratar da sua viagem e, depois, acrescenta: «Todos os chefes me exortaram a não ficar no estrangeiro, pois a minha vida era aqui, mas eu disse que ninguém foge ao bem.» Não seria a evocação da injunção dos chefes uma maneira indireta de sugerir à sua mulher esta eventualidade? Na carta seguinte que lhe envia, dois dias depois, regressa ao mesmo assunto: «Em toda a parte me dão avisos, para que não fique lá, prometem-me bons tempos aqui. Mas, por agora, não vejo isso, nem aqui nem lá, vou como numa noite escura, não sei o que acontecerá.» Observe-se que Malevich não descarta de modo algum a possibilidade de se instalar no estrangeiro, não diz se «o bem» está aqui ou lá, mas apenas que não está certo de poder alcançá-lo. Em 25 de fevereiro, dá algumas indicações suplementares sobre os seus sonhos: «Quero chegar lá o mais depressa possível, aprender, ver com os meus próprios olhos o que puder e chamar-te o mais depressa possível, a ti e à minha filha, para ficarmos juntos o mais depressa possível, o mais depressa possível.» ([69]) Contudo, não deve ignorar que a saída de toda a família é muito mais difícil de obter que a de um homem sozinho.

Em Varsóvia, aonde chega em inícios de março, é bem recebido pelos meios vanguardistas, onde encontra alguns antigos alunos. Além disso, a língua russa é aí falada com frequência, ele próprio fala polaco e não se sente desorientado. Participa numa exposição e faz intervenções sobre questões teóricas. Na carta a um amigo, afirma: «A glória goteja como a chuva.» ([70]) Em inícios de abril, chega a Berlim, verdadeiro destino da sua viagem. Deveria ser recebido por uma família alemã russófona, mas perde-se na estação, vai parar a uma pensão de Russos Brancos, onde tem muito receio de ser comprometido por esses inimigos do poder soviético; consegue encontrar a família alemã e instala-se em casa desta. Os dois filhos dessa família acompanham-no em Berlim como intérpretes (não fala nenhuma língua ocidental); os pais, que receavam inicialmente alojar um revolucionário, estão encantados por descobrir um hóspede gentil.

Em 7 de abril, Malevich, acompanhado pelo poeta futurista polaco Tadeusz Peiper, germanófono, vai a Dessau para se encontrar com os representantes da Bauhaus. Infelizmente, os estudantes estão de férias da Páscoa, as aulas estão suspensas e os dois visitantes não veem ninguém. Por fim, encontram Walter Gropius e vão à sua casa, onde passam um longo serão. Mais tarde, reúnem-se-lhes Moholy-Nagy, pintor húngaro, Mayer, arquiteto suíço, e Kandinsky, que conhece Malevich da Rússia, mas que se mostra bastante frio. Inicia-se então uma conversa animada.

Ilse (conhecida por Ise) Gropius, a esposa de Walter, deixou no seu diário uma descrição do serão que se desenrolou na casa e do que foi aí dito. «Malevich produz uma impressão extraordinariamente viva e forte.» Queixa-se das condições de trabalho na Rússia. «Tudo o que não pode ser utilizado para fins políticos de propaganda é considerado insignificante.» Ilse acrescenta: «Ele queria muito ficar aqui, na Alemanha, e encontrar meios de subsistência em Berlim.» Graças a esta observação, percebemos como era grande a desilusão de Malevich em relação ao regime soviético: está disposto a nunca mais regressar ao seu país. É claro que preferia ter consigo a mulher e a filha, mas se tivesse de abandoná-las para melhor servir a sua arte, não hesitaria em fazê-lo, como já anunciara à sua mulher. Se tivesse encontrado condições favoráveis, Malevich teria ficado na Alemanha, poderia difundir livremente as suas ideias, explorar mais profundamente o caminho que seguia e, quem sabe, ver-se incluído na exposição de arte degenerada e não na exposição de arte da época imperialista! O que o impede de ficar é a dificuldade de vender as suas obras e de ganhar a vida, bem como a dificuldade de comunicar com os colegas, pois não fala alemão. Talvez seja por isso que escreve nas margens da sua carta aos discípulos mais próximos na Rússia: «Estudem bem o alemão e o francês.» ([71])

Para além disso, o conteúdo das cartas enviadas de Berlim é eufórico; Malevich não hesita em forçar o traço para descrever o entusiasmo de que é objeto. «Se soubessem como é fácil e bom trabalhar aqui!» Sente-se contente, as pessoas interessam-se por aquilo que ele diz, não o atacam nem têm por ele qualquer suspeita ideológica. «Todos estão contentes com a minha vinda», o seu trabalho «será conhecido no mundo inteiro». «Isto é tão bom que não se poderia inventar melhor. Os Alemães receberam-me melhor do que poderia imaginar.» Deixa-se embalar pelas suas próprias visões. «Penso que mais nenhum pintor teve esta receção. Aceitam as minhas opiniões como axiomas.» Conta à mulher que é constantemente solicitado e conclui a sua carta com um pedido aos censores, que ele sabe que lhe controlam o correio. «Leitores de rádio, não retenham as cartas, por amor de Deus, nada têm de interessante para vós.» ([72])

As memórias dos contemporâneos compõem um quadro menos idílico. Em Berlim, Malevich encontra-se com o grande arquiteto da Bauhaus, Mies van der Rohe, e defende a ideia de que as formas visuais mudam sob a pressão das ideias estéticas; Mies defende uma explicação mais sociológica, pois pensa que o motor da mudança artística reside nos modos de vida, que evoluem. Junto de Gropius, diretor da Bauhaus, Malevich faz o elogio da arquitetónica, que, ao contrário da arquitetura, não serve qualquer fim utilitário; o seu interlocutor protesta, pois, para ele, uma arquitetura não funcional é desprovida de sentido. Para Malevich, esta posição aproxima Gropius dos seus adversários construtivistas, como mostra a sua carta a Schwitters. Moholy-Nagy, com quem discute a publicação dos seus textos, deixa o assunto arrastar-se. A exposição de Malevich abre em 14 de maio de 1927 e, após a *vernissage*, o interesse pelo vanguardista russo diminui. Como não ganha muito dinheiro, Malevich volta a trabalhar nos seus manuscritos; está feliz por poder fazê-lo agora, livre da necessidade de «agradar ao pensamento marxista» ([73]).

O único inconveniente é que os dias passam muito depressa e Malevich vê com inquietação a aproximação da data de expiração do seu visto. Não tem dinheiro para organizar uma exposição das suas experiências mais recentes nem para financiar a tradução dos seus escritos. «Para isso, eu teria de ficar mais seis meses, mas o meu visto só é válido até ao dia 20 [de maio]; se não o prolongarem, terei de partir, o que me desagrada terrivelmente.» ([74]) Nas vésperas dessa data fatídica, solicita a renovação do visto, mas, em resposta, recebe um telegrama ameaçador, que não só lhe recusa o pedido como também o intima a regressar depressa. Malevich não tem ilusões sobre o que o espera e confidencia-se ao artista e cineasta alemão Hans Richter, com quem estabeleceu laços de amizade. Este recorda: «Malevich não alimentava grandes esperanças no reconhecimento do seu trabalho artístico na sua pátria.» ([75]) Obedece, mas protege as obras e os documentos que trouxera da Rússia. Confia a seleção dos seus quadros a um dos novos amigos e os seus manuscritos a outro. E teve razão: apesar das destruições sofridas pela Alemanha no fim da Segunda Guerra Mundial, os quadros e os manuscritos sobreviverão (encontram-se hoje no Stedelijk Museum em Amesterdão).

Nesta altura, Malevich redige um testamento, datado de 30 de maio de 1927, que dá instruções acerca dos seus manuscritos. Este documento mostra que o pintor não alimenta ilusões sobre a sorte que o espera e as práticas dos Órgãos policiais soviéticos. O texto começa com a frase «Na eventualidade da minha morte ou da minha prisão perpétua», o que indica bem a perspetiva em que se coloca. Descreve os procedimentos a seguir em relação aos manuscritos deixados na Alemanha, acrescentando uma nota interessante: «Estando nesta altura [da sua redação] sob uma influência revolucionária, pode haver fortes contradições com esta forma de defesa da Arte que é hoje a minha, ou seja, em 1927.» ([76]) Esta constatação de uma evolução interna do autor significa também que se, uma vez regressado à Rússia, detido e torturado, renegar o conteúdo dos seus manuscritos e a decisão de os publicar, as instruções contidas no testamento devem ser seguidas.

Malevich abandona Berlim em 5 de junho de 1927, de coração apertado, e regressa diretamente a Leninegrado. Na estação, é detido pela polícia política e submetido a um longo interrogatório antes de ser libertado. Durante um ano, prossegue a sua correspondência com os novos amigos alemães. «Ai, onde arranjar *siebentausend* marcos para ficar em Berlim a trabalhar. Ai, onde está essa sociedade maravilhosa de colaboração de qualidade!» ([77]), escreve ele alguns meses após o seu regresso.

A reação policial à viagem de Malevich ganhará forma mais de três anos depois do seu regresso, em setembro de 1930. No dia 19 deste mês, é emitida uma ordem de busca e detenção, que afirma que Malevich é suspeito de espionagem, atividade punida com a pena de morte. No dia seguinte, durante a sua detenção, confiscam-lhe os manuscritos (que nunca serão reencontrados), algumas cartas recebidas e algum dinheiro em divisas (30 dólares ao todo). Diante do juiz de instrução, declara que, durante a sua estadia na Polónia e na Alemanha, obedeceu a todos os regulamentos; no formulário que preenche, descreve-se «sem partido», «simpatizante do poder soviético», «autodidata». No entanto, as acusações são consideradas suficientes para ser sujeito a uma investigação. O seu interrogatório, quase dois meses depois, revela que foi objeto de denúncia dos seus colegas, que o acusam de ser um formalista; o crime de espionagem surge neste contexto como o desfecho lógico de um afastamento progressivo da ideologia soviética. Um exemplo destas denúncias figura no processo e é um testemunho apresentado quando Malevich já está na prisão. Um dos seus colegas, sem partido, de origem pequeno-burguesa, seu antigo aluno, declara: «Ele nega o conteúdo ideológico da arte», «não trabalha para as necessidades da construção proletária», «não deseja fazer concessões à arte contemporânea proletária». ([78])

Nas suas respostas durante o interrogatório, Malevich defende-se com firmeza. As suas últimas experiências, afirma ele, são utilizadas para a decoração de louça, logo engendram proveitos económicos; as suas inovações artísticas contribuem para o prestígio da cultura soviética. «Nunca partilhei das ideias do mundo burguês sobre a arte, nunca pertenci a correntes de direita. [...] Desde os primeiros dias da revolução que trabalho no campo da arte soviética. [...] Da revolução, recebi aquilo a que aspirava.» ([79]) Quanto à estada no estrangeiro, cita agora já não os elogios que lhe faziam, mas as críticas que não mencionava diante dos seus próximos: os comentadores de direita atacaram-no na Polónia, na Alemanha foi tratado como bolchevique. Nunca ninguém tentou recrutá-lo como espião. Todas estas declarações são perfeitamente verdadeiras; Malevich não precisa de mentir nem de exagerar em nada, ainda que ele e os seus acusadores não atribuam exatamente o mesmo sentido a termos como «revolução», «burguês», «de direita» ou «de esquerda».

Em finais de novembro, o juiz de instrução assina uma improcedência judicial: não se provou nenhuma atividade de espionagem, e as acusações de formalismo e de apolitismo nem sequer são mencionadas. Segundo as memórias da filha do pintor, esta libertação deveu-se a uma intervenção vinda «de cima», da parte do seu amigo e protetor Chutko. O seu discípulo Rojdestvenski, interrogado depois pela polícia, conta que o juiz, à menção do nome de Malevich, exclama: foi tomada uma decisão, «não tocar no Velho» ([80]): portanto, um «tratamento» à Pasternak. Não há dúvida de que isto explica por que Malevich não foi importunado na sequência de outras denúncias. Numa destas, Igor Terentiev, homem de teatro de vanguarda e crítico, com quem Malevich colaborara em 1923, «confessa» tudo e envolve o seu antigo amigo. Segundo ele, Malevich animava um grupo que recolhia informações diversas para as transmitir ao estrangeiro (espionagem a favor da França) e dedicava-se a uma propaganda pró-ocidental (lá, os artistas são livres!) e antissoviética. Os quadros não figurativos de Malevich contêm, na verdade, mensagens codificadas para os seus chefes franceses... Terentiev será condenado a cinco anos de trabalhos forçados; depois de a pena lhe ter sido comutada, será novamente preso e fuzilado em 1937.

Libertado em 6 de dezembro de 1930, após dois meses e meio de encarceramento, Malevich volta a casa, não encontra ninguém e instala-se na escada à espera. Segundo o relato que faz a um amigo, «sofre de uma solidão terrível, amargura, sente-se irremediavelmente perdido, a prisão atrás de si, o túmulo em seu redor, o que virá depois não se sabe». Nas suas cartas desta época, faz várias vezes referência ao que lhe aconteceu e anuncia as decisões que tomou. «Entre outras, "agora", escolhi um novo método para transcrever os meus pensamentos sobre a arte, a saber, escreverei em cartas aos meus amigos o que penso sobre a arte.» Renuncia então a tornar públicas as suas investigações teóricas. Alguns meses depois, confia a outro amigo: «O meu repouso em "Sóchi" não me sai da cabeça.» Continua a escrever, mas sabe que, «de qualquer forma, não será possível publicar». A ideia de morte não o abandona. «Durante quase todo o tempo do meu *repouso*, fui intensamente assombrado pela morte, de certa maneira não desejo morrer, mas, quando vem a noite, este pensamento começa a atormentar-me.» ([81]) Estas palavras são seguidas de instruções que dá sobre o monumento funerário a instalar sobre o seu túmulo.

Com efeito, a derradeira prova de que Malevich não renunciou ao seu programa teórico encontra-se num dos seus últimos gestos artísticos, que consiste em dar uma forma suprematista às suas cerimónias fúnebres. Ao contrário de outros artistas, de um Oscar Wilde, por exemplo, decide fazer uma obra de arte não da sua vida, mas da sua morte. Fala abertamente disso aos seus amigos pintores, explicando-lhes como deve ser vestido e colocado no caixão, como este deve ser decorado, onde deve ser enterrada a urna que contém as suas cinzas e que monumento deve ser erigido sobre o seu túmulo. Após a sua morte, os amigos tentam executar as suas instruções segundo um modelo desenhado, adaptando-as às possibilidades técnicas do local. O corpo de Malevich é vestido com uma blusa branca, calças pretas e sapatos vermelhos. O caixão tem as partes laterais verdes, preto e branco por cima, com figuras pintadas sobre o branco: um quadrado negro no lado da cabeça, um círculo vermelho no lado dos pés (os amigos renunciam à cruz, símbolo demasiado marcado pela religião). O cortejo fúnebre atravessa as ruas de Leninegrado, suscitando o grande espanto do público; após a cremação, as cinzas são enterradas na região de Moscovo e um quadrado negro é deposto sobre o túmulo. Malevich conseguiu fazer da sua morte um ato suprematista.

CAPÍTULO 8

O regresso à pintura

Durante o verão de 1928, aos 50 anos de idade, produz-se uma rutura no percurso de Malevich. A sua correspondência com o estrangeiro (a Alemanha) interrompe-se bruscamente em maio. Terá ele recebido um aviso das autoridades políticas e administrativas, indicando-lhe o caminho certo a seguir? Na mesma altura, terá percebido que as viagens ao estrangeiro já não lhe seriam acessíveis. A sua mulher recorda (no fim da sua vida e de maneira imprecisa) que se colocara a questão de uma viagem a Paris após a de Berlim; Malevich pensava regressar provisoriamente à Rússia antes de voltar a partir para apresentar os seus quadros e as suas investigações noutros locais; no entanto, diz ela, «após a "interrupção", já não o "deixaram" continuar a sua missão» ([82]). Também se dá conta de que os seus escritos são sistematicamente recusados e não são publicados. Estas circunstâncias levam-no a tomar uma decisão importante: regressa à pintura de quadros, que interrompera há dez anos.

Fora a evolução interna do seu projeto pictórico que o conduzira à primeira decisão. Na via que escolheu, nenhum novo desenvolvimento podia ir mais além que as suas imagens suprematistas, o quadrado negro ou o quadrado branco. Nos anos anteriores, o seu percurso seguira uma via estritamente pictórica, passava de uma maneira de construir a imagem para outra, mas o ponto que alcançara obrigou-o a mudar de perspetiva: já não se tratava de descobrir a imagem essencial, pois isto já estava feito, mas de compreender em que consistia exatamente essa descoberta e quais eram as suas consequências para a sua conceção do mundo. A pintura devia então dar o lugar à filosofia. Malevich começou a escrever depois de ter encontrado o suprematismo: tendo a pintura alcançado o seu ponto derradeiro, era agora preciso traduzir as suas descobertas em palavras.

Deste ponto de vista, a sua chegada a Vitebsk, em 1918, marca uma viragem. «O essencial», escreve ele então a Gerchenzon, «é que toda a minha energia vá para a escrita de brochuras, ocupar-me-ei disso assiduamente durante o meu exílio em Vitebsk – os pincéis afastam-se cada vez mais.» Dois anos depois, afirma numa dessas «brochuras»: «Considero todas as criação do mundo das coisas (que é o meu trabalho principal) já não com o pincel, mas com a caneta; parece-me que, com o pincel, já não é possível aceder às sinuosidades do cérebro e a caneta é mais aguçada. [...] Retirei-me no domínio novo para mim do pensamento e, na medida das minhas possibilidades, irei expor o que encontrar no espaço infinito do crânio humano.» ([83]) Sabemos que, na exposição individual inaugurada em Moscovo na primavera de 1920, Malevich mostra quadros representativos da sua evolução, «do impressionismo ao suprematismo», mas, na última sala, pendurou molduras vazias e brancas, significando assim o fim da pintura e o triunfo do conceito ([84]). Nos anos seguintes, produz variações sobre imagens já existentes, mas nada inventa de novo. A partir deste momento, Malevich torna-se mais filósofo que pintor, ainda que não se preocupe em situar-se relativamente aos filósofos do passado (o seu conhecimento de Schopenhauer, por exemplo, limita-se à leitura do título do seu livro *O Mundo Como Vontade e Representação* na montra de uma livraria).

Dez anos depois, Malevich toma a decisão inversa: largar a caneta e voltar a agarrar nos pincéis. Os motivos desta inversão, tal como os podemos reconstituir, são múltiplos. Em primeiro lugar, é possível que, tendo terminado as obras nas quais trabalhava há anos, *O Mundo Sem-objeto* e *Isologia*, tenha tido a mesma impressão de saturação que sentiu depois de ter pintado o *Quadrado Branco*: já não seria capaz de fazer mais que versões vulgarizadas do seu pensamento, incapaz de o avançar. Mas há mais. Num artigo que publica na Alemanha em 1927, «Arquitetura Suprematista», Malevich fala do renascimento de uma arte autêntica, para além do naturalismo tradicional e do utilitarismo exigido pelo poder, aquilo a que chama «um novo classicismo» (teria ele uma proximidade com o «neorrealismo» de Zamiatine? Noutro texto, como veremos, usa o termo «supranaturalismo»). Com efeito, parte da ideia de que «a arte é viva como o signo da beleza e como forma pura», e de que este objetivo não pode ser alcançado de mais nenhuma maneira. «O mundo e a vida só podem ser "belos" na arte e não noutra esfera de ideias. [...] É ingénuo pensar que uma "ideia" qualquer seja capaz de criar arte *a priori*, mesmo que seja a ideia do Reino de Deus na Terra ou no Céu.» ([85]) É evidentemente significativo que Malevich publique este texto na Alemanha: só fora da Rússia pode rejeitar as ambições excessivas não só da religião (o Céu), mas também do poder comunista (a Terra).

Ao mesmo tempo, a *Autobiografia* de Malevich (de 1933) mostra-nos um homem que desde a infância pinta com paixão, sob a pressão de uma necessidade interior que não podia ser travada nem pela resistência do pai nem pela falta de meios nem pela hostilidade do público. Esta paixão foi suspensa durante dez anos, mas não se extinguiu. A um amigo, descreve-se assim no seu ateliê: «Vejo a tela começada que me absorve e me dá uma certa energia, que não permite que o pesadelo da felicidade humana [ou seja, a propaganda oficial] me esmague os ombros.» Num dia de admiração maravilhada face à natureza que o rodeia, sente culpa. «Fiz fortes críticas a mim próprio, vivi aqui dezasseis anos e não a representei, nem por palavras nem pela pintura, contemplei todos os anos o bosquezinho de choupos [...], mas não o pintei.» ([86])

Mesmo na época suprematista, Malevich não pinta para ilustrar as suas convicções filosóficas, mas sim movido por uma necessidade imperiosa vinda de dentro. O seu comportamento está em conformidade com esta declaração de Goncharova, feita num debate público em 1912: «Os criadores geniais nunca puseram a teoria à frente da prática, mas construíram a teoria com base em obras anteriormente criadas.» ([87]) Quando lhe perguntam porque pintou o *Quadrado Branco*, responde: «Perdido na selva, só encontrei um caminho para a salvação.» Outro amigo relata a sua explicação do *Quadrado Negro*: «Enquanto pintava, a tela era constantemente atravessada por "raios de fogo"». Ao mesmo amigo, diz que «vê o mundo através dos olhos da arte, pela cor, e que descobre mundos que não poderão ser descobertos nem por todas as filosofias do mundo reunidas.» No seu leito de hospital, durante a sua doença final, queixa-se não das dores físicas, mas de já não poder desenhar ([88]). A pulsão pictórica de Malevich acaba por ultrapassar as suas conclusões teóricas; neste sentido, parece os cometas com os quais comparava o poeta Khlebnikov, que acabam por ser atraídos pela Terra.

Contudo, as razões interiores não são as únicas que levam Malevich a regressar aos seus pincéis. Parte também de uma apreciação lúcida da sua situação política, a de um cidadão da União Soviética. Explica isto, em abril de 1932, numa carta endereçada a Meyerhold, artista cujo percurso ele vê como próximo do seu: este homem também aderiu à sociedade soviética, mas as suas obras obedecem sobretudo às suas exigências internas. Houve um tempo em que ambos podiam aspirar a uma arte não figurativa. Mas esse tempo já passou. «No momento presente, na época da construção do socialismo, quando todas as espécies de Arte devem participar nessa ação, a Arte deve regressar aos terrenos abandonados e tornar-se figurativa.» É o caminho seguido pela pintura: «Reencontrou a imagem nova, trazida pela revolução proletária e à qual é preciso dar uma forma.» ([89]) Esta carta é aquilo que, em Malevich, mais se aproxima de uma justificação teórica da pintura que vai praticar nos últimos anos de vida.

A única maneira de preservar no presente a herança preciosa destes dois inovadores é aceitar o novo conteúdo e, ao mesmo tempo, algumas convenções antigas. As descobertas de Meyerhold no teatro e as de Malevich na pintura não dependem do quadro no qual foram originalmente apresentadas. Meyerhold abolira a separação entre sala e palco; pode fazer uma concessão sobre este ponto e preservar assim o essencial da sua arte. Malevich renunciara às figuras; recomeça a representá-las, mas salvaguarda aquilo que para ele é mais importante, as relações entre formas e entre cores. É esta qualidade que se deve preservar. «Agora, a sensação artística ocupará o primeiro lugar.» Meyerhold, por seu lado, parece ter chegado às mesmas conclusões: nos seus escritos contemporâneos, tem o cuidado de explicar que as ideias revolucionárias em si mesmas não bastam para produzir uma obra revolucionária, que as formas da expressão teatral também devem ser novas. «Tudo aquilo que coloca a obra no mesmo plano que um jornal rebaixa a obra artística. [...] O teatro tem as suas próprias leis e deve falar a linguagem das suas leis.» ([90])

Os artistas como eles têm de se defender numa frente dupla. Num lado, estão os puros utilitaristas, os construtivistas, que são indiferentes às qualidades artísticas da obra, desde que esta responda exatamente ao «comando social». Serão laminados pelo tempo, prevê Malevich, «porque sem cultura artística não se pode existir». No entanto, novo perigo, podem ser substituídos pelos representantes tranquilizadores da tradição. Este será o triunfo de Stanislavski no teatro e de Repine na pintura. A única maneira de preservar a forma nova é submeter-se às exigências ideológicas e aceitar algumas concessões superficiais. Na expressão «realismo socialista», Malevich está disposto a aceitar «socialista», mas só admite «realismo» se puder qualificá-lo como «artístico» – o que, para ele, significa suprematista. Por outras palavras, embora continue hostil ao «realismo», admite agora a figuração – por ser exigida pelos poderes públicos, mas também porque permite introduzir no quadro a experiência vivida do seu autor (Malevich não fala disto). Devemos acrescentar que os artistas inovadores perderão este combate: tanto os construtivistas como os defensores da arte pura serão derrotados nos anos seguintes pelos representantes do classicismo tradicional.

Num primeiro tempo, Malevich não pretende renunciar ao projeto suprematista, mas sim conferir-lhe uma aparência aceitável para o gosto reinante e para as exigências do poder político. Na traseira de uma das suas novas telas, Malevich escreve, sem tentar dissimular as suas intenções: «Suprematismo nos contornos de desportistas» (em A. Nakov, *Kasimir Malewicz, catalogue raisonnée*, PS 195). As figuras que aceita representar são-lhe, na verdade, indiferentes; só as exigências formais lhe interessam. Na traseira de outra tela, escreve: «Para alcançar os seus objetivos, um engenheiro utiliza este ou aquele material; para exprimir as suas sensações de cores, um pintor usa esta ou aquela forma natural» (PS 181). Continua sempre convencido de que é necessário superar «o fotografismo obtuso». Doente, espera recuperar a saúde e poder «retomar o ataque pictórico contra os fotorrealistas». Em 1933, no fim da sua *Autobiografia*, última exposição das suas ideias teóricas, Malevich volta à carga: o seu credo mantém-se inalterado, apesar das concessões que tem de fazer aos poderes instituídos. A natureza é sem-objeto, vencerá o mundo dos objetos. A arte como tal não se preocupa com o conteúdo. «A minha relação com o mundo é exclusivamente pictórica, poética, musical. Não pode haver qualquer relação com o ponto de vista do conteúdo ideológico.» ([91])

A este respeito, a atitude de Malevich continua a opor-se à de Eisenstein, aparentada à dos construtivistas. Este vê todos os procedimentos artísticos como simples meios ao serviço de uma ideia exterior, a da revolução comunista; mas, para servi-la bem, opta por procedimentos que rompem com a rotina naturalista. Malevich, por seu lado, está disposto a introduzir elementos da arte figurativa a fim de tornar os seus quadros aceitáveis para os detentores do poder e, assim, conseguir fazer passar a mensagem, para ele essencial, da disposição das formas e das cores. A mensagem de Eisenstein tem um sentido ideológico; a mensagem que interessa a Malevich é artística, pode fazer compromissos sobre o resto e aceitar outros elementos formais à antiga.

Um último motivo que leva Malevich a voltar à pintura é de razão mais prática: os seus rendimentos estão reduzidos ao mínimo e tem de sustentar a família. Se já não dá aulas nem publica, só lhe resta uma fonte de rendimentos, ou seja, vender os seus quadros. Mas já não dispõe deles, pois levou as suas melhores telas para Berlim e deixou-as nesta cidade. Por isso, tem de produzir novos quadros, se possível em grande número, e tentar vendê-los. No entanto, as imagens suprematistas são mal vistas pelos funcionários soviéticos da arte, que decidem sobre a aquisição das peças para as coleções públicas. Tendo talvez em vista a sua exposição individual de 1929, para a qual tem falta de quadros antigos, Malevich recorre a um processo inédito: em dois anos, 1928-1929, pinta cerca de 40 quadros para os quais se inspira nos seus desenhos dos anos 1905-1915 ou nas suas recordações dos quadros de que já não dispõe, e antepõe-lhes datas anteriores, como se tivessem sido pintados há 20 anos. Desta maneira, os desvios em relação ao que é a norma realista do momento escapam aos críticos: podia-se produzir quadros impressionistas, neoprimitivistas ou cubistas em 1910, enquanto isto era mal visto em 1930.

Ao mesmo tempo, a atribuição de datas falsas aos quadros tem outro objetivo. Nos seus escritos teóricos, Malevich estabeleceu uma sucessão ideal das correntes pictóricas, em função da sua aproximação progressiva ao ideal suprematista, começando pelo impressionismo e passando pelo cézannismo, pelo cubismo e pelo cubofuturismo. Agora, decide apresentar a sua própria evolução como uma ilustração exemplar deste progresso dos estilos. Na verdade, a evolução existe, mas não é perfeitamente linear, e o pintor vê-se obrigado a «refazer o passado segundo a interpretação presente», se dermos crédito à expressão ouvida por um dos seus discípulos ([92]). Malevich escamoteia naturalmente os momentos em que foi atraído pela pintura simbolista, pois isso significaria um desvio em relação ao trajeto ideal. Além disso, por outro capricho que lhe faz preferir a inscrição ideal das obras no tempo à sua criação real, data essas obras em média dois anos mais cedo, situando-as no momento em que deveriam ter sido pintadas. Um quadro executado em 1929 relaciona-se, por exemplo, com o estilo das telas pintadas em 1909, mas será datado por Malevich em 1907. Daqui resulta que, por vezes, é difícil situar com exatidão as obras deste período. Os protótipos em que o pintor se inspira normalmente datam, na verdade, dos anos 1911-1912. A maioria dos contemporâneos deixa-se enganar por estas falsificações, pois o estilo escolhido e a ordem estabelecida parecem muito convincentes – enquanto, na realidade, os quadros novos são muito diferentes dos antigos.

Contudo, não é certo que todas estas estratégias alcancem o seu objetivo: os funcionários obtusos que agora regem a criação artística na URSS não se embaraçam com estes pormenores e veem que as obras de Malevich não se assemelham à arte que desejam. O pintor não terá então encomendas oficiais, não terá o direito de mostrar as suas obras ao povo soviético nem de as vender; ao mesmo tempo, é afastado do mundo do ensino. É a segunda vez que se interrompe o contacto entre o pintor Malevich e o seu público. Na primeira, a partir de 1918, foi ele próprio que suspendeu a atividade pictórica para poder dedicar-se ao trabalho de organizador, pedagogo e teórico filósofo. Na segunda vez, após o seu regresso à Rússia, a partir de 1928, são os poderes administrativos que disso se encarregam; as suas obras só voltarão a ser vistas 60 anos depois, após o desmoronamento do regime comunista, verdadeiras memórias do além-túmulo.

CAPÍTULO 9

Últimas pesquisas

A rutura de 1928 e, depois, a detenção de Malevich em setembro de 1930 introduzem uma inflexão na sua atividade pictórica, que é responsável pelas suas últimas obras, até 1933, em mais de uma centena de quadros que ainda não foram estudados em pormenor. O pintor sai da prisão deprimido e assustado, participa agora pouco na vida pública e evita falar de assuntos políticos até com os amigos. A sua última exposição individual na galeria Tretiakov em Moscovo, em 1929, onde expõe as telas com datas anteriores à sua execução, não suscita comentários; na exposição coletiva de 1931, as suas obras são acompanhadas de comentários hostis, vistas como ilustrando o «tempo do imperialismo» ou «o impasse da arte burguesa» (os ataques soviéticos contra a arte «imperialista» precedem os dos nazis contra a arte «degenerada»). Os seus rendimentos são baixos e passa muitas vezes fome. Além de alguns amigos e discípulos, mais ninguém se interessa pela sua pintura. Contudo, esta volta a transformar-se.

Malevich faz algumas tentativas tímidas de se submeter integralmente às exigências da arte oficial, mas esmorecem logo. Aquilo que consegue um pouco melhor é a adição de um elemento ideológico, identificado por uma inscrição ou por um pormenor, no interior de uma obra organizada segundo os princípios suprematistas. Assim, prossegue as suas experiências com aquilo a que chama os «arquitetons», mas agora propõe colocar, em cima de colunas abstratas, pequenas estátuas de heróis soviéticos. Uma nota deixada por ele descreve assim o projeto: «Em 1930, comecei a coluna monumento *O País dos Sovietes*, com figuras esculpidas de guias do socialismo» (S 703). Pouco mais tarde, pinta um quadro no qual se vê uma linha de figurinhas vermelhas de cavaleiros a galope. Na traseira do quadro, podemos ler dois versos rimados: «A cavalaria vermelha galopa da capital de Outubro para defender a fronteira soviética.» Este quadro, *Cavalaria Vermelha* (PS 120), será exposto publicamente em 1932-1933.

Estes exemplos são muito pouco numerosos. Em contrapartida, Malevich produz múltiplas obras que formam uma espécie de síntese entre os diferentes estilos pictóricos que praticou no passado: são obras figurativas, marcadas por elementos simbólicos e, ao mesmo tempo, submetidas a regras sistemáticas no traçado das personagens e na distribuição das cores, o que o próprio Malevich designa como uma «transformação suprematista» do tema tratado, como «suprematismo nos contornos de uma camponesa». Numerosos quadros contêm figuras humanas, cuja maioria representa não indivíduos, mas tipos esquemáticos, vistos de frente, imobilizados numa pose frontal que evocam mais figuras geométricas do que seres vivos. Quanto às personagens, parecem escolhidas de maneira a não violar o espírito do tempo durante o qual foram realmente produzidas: Malevich pinta muitos ceifeiros, camponeses e outros representantes do mundo do trabalho, como carpinteiros. Estão muitas vezes enquadrados por uma imagem também esquemática, habitualmente uma série de faixas coloridas horizontais, que podemos interpretar como uma vista aérea dos campos lavrados na Ucrânia. Encontramos também algumas paisagens aparentadas, mas sem figuras. Por vezes, é possível descortinar ao lado das imagens ou nas traseiras dos quadros algumas palavras que indicam o ponto de partida da composição.

Um terceiro grupo de imagens deste período apresenta um interesse superior, tanto mais que poucos comentários verbais do pintor foram preservados. Os quadros figurativos de Malevich já não procuravam a designação de particularidades individuais das pessoas ou dos objetos; mas, agora, esta ausência de traços distintivos parece adquirir um novo sentido. Um desenho (PS 48) apresenta quatro figuras de homens em pé, barbudos e sem rosto; vemos nele a inscrição *budetljane*, o termo forjado por Khlebnikov para distinguir os futuristas russos dos seus primos italianos e que se pode traduzir por «vindouristas». Noutro desenho (PS 47), estes homens do futuro mostram sobre a camisa o símbolo soviético, a foice e o martelo. Três figuras femininas num terceiro desenho (PS 49) têm no lugar do rosto a foice e o martelo, a cruz ortodoxa e um caixão negro: o túmulo parece ser o desfecho desta progressão. Outro rosto reduzido a uma oval negra (PS 33) contém a inscrição: «Expressão mística religiosa da forma».

Encontramos uma indicação similar que acompanha uma tela na qual figura a cabeça de um homem: «Rosto de um homem futuro» (Fig. 2, São Petersburgo, Museu Russo). Em vez dos traços individuais ou das marcas simbólicas, vemos aqui uma oval vazia. No entanto, este rosto tem uma barba negra muito espessa. Este atributo sugere uma relação como a tradição russa anterior à revolução: quem usava estas barbas eram os sacerdotes ou os camponeses do passado. Esta mistura de traços que se relacionam com o passado e com o futuro parece indicar a transformação brutal sofrida pela população soviética.

Podemos perguntar se, por esta escolha, Malevich não estará a sugerir uma nova interpretação da ausência de rosto:

já não a rejeição suprematista da representação, mas a consequência da formatação e do adestramento impostos aos indivíduos pelo poder soviético (recordemos a sua expressão de 1918, «a bota gigantesca esmaga a pessoa»). Neste caso, estaríamos a assistir a uma reinterpretação radical do próprio projeto futurista: adotado por Malevich nos seus começos, o que lhe permitiu reconhecer-se no movimento revolucionário de 1917, teria agora cedido aos bolcheviques chegados ao poder, que, enquanto prometem um futuro radioso, oprimem a população e interditam a manifestação de qualquer individualidade. A não figuração dos rostos significaria a desfiguração dos seres. Comparemos a imagem deste *Homem Futuro* (Fig. 2) com o *Ceifeiro I* (Fig. 1). Nenhum deles possui traços individuais, mas esta ausência não tem a mesma origem nem o mesmo sentido. A aparência do ceifeiro é o desfecho de um projeto de formação de um ser humano a partir de elementos simples, formas e cores. O homem futuro é o resultado de um processo de deformação de um ser que já teve um rosto, mas que já não o possui. Um decorre de uma adição; o outro de uma subtração. O primeiro obedece às leis da geometria, o segundo é de origem orgânica.

O contraste seria ainda mais forte se comparássemos o homem sem rosto não com as figuras geométricas pintadas há 20 anos, mas com as composições suprematistas produzidas durante a Primeira Guerra Mundial, que consistem em linhas retas e retângulos, que eliminam qualquer referência a um mundo humano ou até a uma realidade percetível – e levam a desumanização (recordemos a declaração de Malevich alguns anos antes: «aniquilei totalmente o rosto do homem e todas as suas propriedades. Já não há pessoas, há uma vida sem-objeto») muito mais longe que as figuras «sistemáticas» dos anos anteriores, em conformidade com o projeto revolucionário utópico.

Uma personagem feminina, a julgar pelas suas roupas (Fig. 3, São Petersburgo, Museu Russo), chamada *Camponesa de Rosto Negro*, faz também parte desta série de «cabeças sem rostos», que exprimem a despersonalização sofrida pelos indivíduos. Ergue-se como um monumento no meio do cenário que designa a paisagem rural ucraniana, diante de um céu estriado; tem uma cabeça negra sem traços humanos, tapada com uma espécie de máscara, também negra, que tem a forma de um tampo de caixão. Outra «cabeça de camponês» mostra, no primeiro plano, uma figura humana «suprematista», com uma distribuição sistemática das cores; os traços do rosto, ainda que esquemáticos, estão presentes, mas a boca e o queixo da personagem estão tapados por uma espécie de açaimo, que encontramos também noutros quadros, e que priva a personagem da capacidade de falar. A paisagem atrás é mais complexa do que noutros quadros: vemos camponesas a colherem os produtos da terra, a andar, a falar e a segurar crianças pela mão. Ao longe, distinguem-se, à esquerda, igrejas com as suas cruzes, sobre as quais pairam pássaros; mais alto, no céu preto e branco, passam aviões. Este elemento do mundo moderno parece perturbar a vida tranquila abaixo de si. O passado e o futuro estão aqui justapostos.

Outro conjunto de desenhos e pinturas remete mais diretamente para a experiência prisional de Malevich. Um desenho (PS 84) mostra dois homens de pé, costas com costas, barbudos e sem rosto. Um deles tem uma espingarda aos pés, o outro está imóvel, em posição de sentido. Por cima do desenho, podemos ler: *O Aprisionado. O Poder e o Homem*. Outro desenho (PS 87) mostra um homem semelhante que está ao lado de uma casota de cão – mas é uma ilusão de ótica. O texto em cima diz: *Homem aprisionado. Sensação de um homem aprisionado*. A casota era uma prisão, o próprio quadro do desenho sugere o enclausuramento. O mesmo acontece noutra página com três desenhos (PS 105). O primeiro é o de uma casa, a legenda indica: *Periferia da cidade* (prisão): os outros dois mostram homens fechados num quadrado estreito. Um conjunto de outros desenhos retoma os mesmos motivos, mas não acompanhados de palavras; uma certa forma de casa designa claramente a prisão.

Voltamos a ver este motivo em vários quadros. Um deles, *Paisagem com Casa Branca* (Fig. 4, São Petersburgo, Museu Russo), mostra, no meio dos campos, um conjunto de casas que parecem dominadas e esmagadas por um edifício muito maior, de paredes brancas, janelas divididas por barras e telhado negro. Outro quadro, *A Casa Vermelha* (Fig. 5), representa um edifício de proporções semelhantes, mas isolado no campo; as paredes vermelhas não têm nenhuma abertura, o telhado também é negro.

Certos quadros reúnem várias chaves de interpretação. O quadro intitulado *Sensação de um Homem Aprisionado* (Fig. 6, local desconhecido) mostra, diante de faixas coloridas horizontais, um homem barbudo sem rosto, de fatura suprematista – um homem do futuro; à sua esquerda está uma prisão alta, de paredes brancas, janelas com barras e telhado negro, rodeada de uma vedação no interior da qual os prisioneiros poderiam passear. Outro quadro (Fig. 7, São Petersburgo, Museu Russo) oferece uma variação do anterior: a prisão é agora vermelha e desprovida de janelas, o homem também é barbudo e sem rosto. Na traseira do quadro figura o título, *Pressentimento Complexo*, seguido desta legenda: *Esta composição resultou dos elementos: sensação de vazio, de solidão, de uma vida sem saída*; o vazio que vemos está cheio de sentido. O quadro está datado (pretensamente) de 1913, data em que estes sentimentos seriam admissíveis pelo poder soviético. Noutro quadro, *Transformação Suprematista de uma Camponesa*, vemos uma casa vermelha semelhante: a personagem no primeiro plano está executada segundo a receita suprematista, mas, atrás dela, surgem várias construções, no meio das quais se destaca a prisão vermelha, elemento que se tornou incontornável da cidade russa, e, talvez, outra prisão branca. Quando nos lembramos que, na Rússia da época, estas duas cores servem para simbolizar o poder comunista e os seus inimigos, os exércitos brancos que o combateram durante a guerra civil, não se pode imaginar que esta escolha seja desprovida de sentido: em cada um dos lados da fronteira que divide o mundo ao meio encontra-se uma prisão.

Outro quadro, intitulado *Camponeses* (Fig. 8, São Petersburgo, Museu Russo), mostra três homens: já não são apenas «cabeças sem rostos», mas também «corpos sem braços», símbolo eloquente da impotência a que estão condenados. A parte inferior dos rostos está coberta por uma peça negra ou branca, que não parece ser uma barba. A pose das personagens faz pensar em indivíduos presos a postes de execução, com os braços atados atrás das costas, o corpo como que preso numa camisa-de-força. O fundo é abstrato, uma faixa azul e outra amarela; podemos observar que são as cores da bandeira ucraniana. Estes quadros foram pintados na altura em que o campesinato ucraniano, caro a Malevich (como ele recorda na sua *Autobiografia* escrita na mesma época, onde também fala do «carácter emocional da arte camponesa»), era aprisionado, deportado, fuzilado ou morto à fome: a coletivização forçada da agricultura causa milhões de vítimas. Os quadros traduziriam não a escolha anterior da abstração, mas o bramido silencioso dos homens, reduzidos a nada pelo poder.

O quadro mais complexo deste período é provavelmente o intitulado *Sensação de Perigo* (Fig. 9, Paris, Centre Georges-Pompidou). A parte inferior do quadro continua a ser ocupada por faixas horizontais e trata-se também do campo ucraniano, a terra natal. No fundo da paisagem, à direita, voltamos a ver as duas prisões, a branca e a vermelha, desprovidas de aberturas e cercadas por uma vedação. No entanto, entre elas ergue-se agora um gládio gigante, mais alto que os edifícios, espetado na terra, a escorrer sangue; ao mesmo tempo, este gládio adquire a forma de uma cruz. À esquerda, vemos uma cruz ainda mais alta, vermelha na parte superior e negra na inferior. No primeiro plano, uma figura humana que, ao contrário de todas as outras imagens desta época, não está imóvel, mas sim, como as personagens dos anos 1910, em movimento rápido: é um homem a correr. Parece fugir do perigo evocado pelo título e designado pelas prisões, pela arma ensanguentada e pela cruz vermelha. Este homem visto de perfil não tem rosto, mas algumas manchas brancas dissimulam em parte esta ausência e mergulham-nos na incerteza.

Identificou-se uma fonte possível da iconografia do quadro, uma canção ucraniana, popular em finais dos anos 1920, que diz: «Junto à estrada, há uma cruz vermelha, trespassada pelas balas das espingardas e que chora o sangue.» ([93]) Assim, este quadro absorve lições de várias fases da obra de Malevich: a distribuição das cores obedece aos princípios suprematistas, o movimento animado da personagem evoca a pintura neo-primitivista, a presença de objetos carregados de sentido lembra o gosto de Malevich pela pintura simbolista. Ele próprio designa alguns destes quadros tardios (como *Jovens Mulheres nos Campos* ou *Duas Figuras*, no Museu Russo de São Petersburgo) pelo termo «supranaturalismo»: são figurativos e, ao mesmo tempo, suprematistas. No entanto, o último período de conciliação entre construção e expressão deixa um traço, dando origem a uma angústia surda: esta corrida permitirá que o homem escape ao perigo?

Verifica-se aqui uma forte mudança no projeto pictórico de Malevich. Dantes, as suas imagens deviam resultar de uma experiência puramente plástica, sem qualquer intervenção ideológica ou existencial, deviam decorrer de uma «sensação de cores». Agora, dão uma volta de 180º – mas que diz respeito essencialmente à sua prática e que não será um verdadeiro programa teórico: a experiência do pintor diz agora também respeito ao mundo em que vive e não apenas ao da pintura; na origem do quadro, vemos a sensação de vazio, de medo, de desespero. Malevich superou então o ascetismo que, segundo Bakhtin, o caracterizava na época de Vitebsk, em 1919-1920. O abismo entre a arte e a vida é agora atravessado sem dificuldade, chegou o momento de o artista transmitir os seus sentimentos e as suas experiências através da sua pintura.

Poder-se-ia até dizer que, deste ponto de vista, a pintura pouco figurativa de Malevich é mais «realista» que a dos seus contemporâneos que começam a ceder às exigências do realismo socialista. Estes apresentam as suas personagens com rostos variados, expressivos, alegres, mas é uma mentira, uma fachada destinada a esconder a destruição dos indivíduos e a sua submissão ao poder do Estado. Malevich, por seu lado, mostra o que se tornaram esses indivíduos, seres despersonalizados, as engrenagens de uma máquina terrível. Revela a verdade do mundo que os outros quadros pretendem dissimular. Mas fá-lo de uma maneira paradoxal: apagando ou ocultando os traços do rosto, colocando um vazio no lugar do cheio. Este desaparecimento do rosto é mais «verdadeiro» em relação ao mundo contemporâneo que as milhares de cabeças representadas pelos pintores realistas socialistas. Malevich opõe-se assim ao projeto totalitário do comunismo, o que não acontecia no seu compromisso suprematista: o mundo que agora revela já não é nem pode ser o resultado de uma dedução a partir de princípios abstratos. Estes quadros não denunciam de modo algum uma submissão passiva aos *ukases* administrativos, nem um regresso imposto ao período pré-suprematista; encarnam uma forma de resistência à máquina de triturar os espíritos, que é única na história da pintura soviética.

Outra grande categoria de quadros pintados durante os últimos anos de Malevich corresponde aos retratos. Esta escolha já ilustra a mudança ocorrida em relação ao período suprematista, mas também em relação aos anos 1928-1930. Neste período anterior, quando representa o rosto de um ser humano, o pintor trata-o normalmente não como o lugar onde se exprimem com mais matizes os pensamentos e os sentimentos do indivíduo, mas como uma pura forma, uma oval igual a qualquer outra. Nos anos posteriores à sua detenção, Malevich prossegue a execução de retratos a que, por vezes, chama «abstratos», desprovidos de qualquer individualidade e submetidos às exigências geométricas. No entanto, a pouco e pouco, começa a pintar rostos que parecem obedecer a uma dupla lógica – a da semelhança a uma personagem particular e a da submissão às regras suprematistas, com, no que diz especialmente respeito às roupas, a distribuição das cores e as simetrias decididas de antemão – por exemplo, certos retratos da sua mulher, da cunhada, da filha Una, do colega Punin ou dele próprio.

O seu último autorretrato (Fig. 10, São Petersburgo, Museu Russo) foi pintado em 1933. Parece ser um dos últimos quadros de Malevich e integra características de diferentes momentos do seu percurso. Como um autorretrato de 1910-1911, capta bem os traços do rosto do seu autor. Ao mesmo tempo, transmite um sentimento de poder e de certeza de ter seguido o caminho certo na vida. A distribuição das cores remete para o período suprematista, tal como a simetria esquerda/direita na cor das roupas. O quadro é «assinado» com um pequeno quadrado negro, no canto inferior direito, outro sinal discreto do suprematismo. O gesto da mão, também presente noutros retratos, parece segurar um quadrado e, ao mesmo tempo, aponta para cima, lembrando assim a dimensão espiritual desta representação. O título do quadro, *O Artista*, que figura na traseira da tela, também sublinha a sua exemplaridade. O termo adquire aqui um sentido diferente do título do poema de Pasternak: já não um demiurgo, mas uma encarnação da via que conduz à beleza e à sabedoria.

Nos últimos anos de vida, Malevich também inaugura uma série de retratos que rompem com toda a relação com as exigências do suprematismo e que lembram mais o estilo dos artistas do século XIX, Delacroix, Courbet ou Van Gogh, mas sem se confundir com nenhum deles. A partir de 1933, Malevich toma conhecimento de que sofre de um cancro, que ele atribui ao choque infligido pelo aprisionamento: dedica-se então a reproduzir os traços dos seus próximos, a sua mulher, a sua mãe, a sua filha, os seus melhores alunos, alguns dos seus amigos pintores e até alguns desconhecidos. Estes quadros particularmente «realistas» não se destinam ao olhar público. É como se o pintor desejasse fixar na tela uma imagem que não obedece nada às leis da pintura pura, como as que passara a vida a estabelecer, e tudo aos seres que acarinha, e à sua própria mestria e até virtuosidade na arte de pintar a partir da natureza, o que nunca antes revelara. Os retratos dos membros da sua família ou de alguns dos seus amigos (por exemplo, o de Ivan Kliun, PS 270) não ilustram nenhuma teoria; testemunham apenas o encontro entre dois seres, um pintor e o seu modelo, ou o pintor consigo próprio: um indivíduo que se desdobra em sujeito e objeto, o olho a ver, a mão a pintar, o corpo a ser olhado.

Kasimir Malevich morre de cancro em 15 de maio de 1935, no seu apartamento em Leninegrado. Alguns anos antes, conta à filha Una um sonho estranho que o marcou muito e do qual se recorda com clareza. «Esse sonho parecia um quadro. No centro, como que elevada sobre as terras, estava uma mulher magnífica – a Rússia. A terra sobre a qual ela repousava o rosto consistia em colinas verdes arredondadas. De repente, essas colinas começaram a mover-se e tornou-se claro que eram capacetes, e as pessoas de capacete dirigiam-se para o alto para aniquilar e matar a mulher.» ([94]) O pintor não teve tempo para pintar este quadro que representava o crepúsculo do seu país.

EPÍLOGO

Após a revolução

A revolução russa deu origem ao primeiro Estado totalitário da história. Depois de ter sido negado com virulência por uma parte da opinião pública europeia, este desfecho é hoje objeto de consenso. Atualmente, não é necessário ter qualquer coragem particular para evocar as consequências desastrosas da revolução de Outubro. Esta constatação até é fonte de um certo orgulho: as nossas democracias podem ser imperfeitas, mas são preferíveis aos regimes totalitários – bem como às teocracias ou às ditaduras militares que prosperam noutros lados. Esta página da história não foi, para nós, definitivamente virada? O totalitarismo não está bem morto e enterrado? Em todo o caso, nos nossos países, esta experiência infernal nunca voltará! Estaremos mais avisados que os nossos antecessores, nunca deixaremos que se instale um tal regime pernicioso. Estamos contentes por viver em democracia, temos orgulho nisso, lamentamos os outros, os que não a têm, que estão atrasados no progresso para o Bem. Então, porquê regressar a este momento do passado? Merecerá ainda a atenção dos habitantes das democracias liberais do Ocidente?

Se levei a cabo esta evocação não foi (apenas) por considerar comovedor o destino das minhas personagens ou por formar histórias dramáticas, não foi apenas por interesse para a minha história de tema antigo de um país totalitário ou do passado de alguns próximos mais velhos que eu; foi também porque penso que este passado com mais de um século que se desenrolou num país desaparecido (a União Soviética) tem qualquer coisa a ensinar-nos, a nós, cidadãos do mundo ocidental do século XXI. Ora, afirmar esta possibilidade de leitura é admitir também uma certa continuidade ou semelhança entre estes dois tipos de Estado tão diferentes, os regimes comunistas do passado e as democracias liberais do presente. Esta conclusão – que para mim não é de modo algum evidente – exige algumas explicações.

Não só não é evidente, como também se a tivesse lido ou ouvido há 50 anos, pouco depois da minha chegada (da Bulgária) à França, ter-me-ia sentido indignado. Teria, desde logo, chocado uma sensibilidade de antigo sujeito totalitário. Na escola e nos meios de comunicação social, diziam-nos que «lá», no Ocidente, tudo era mau e que «cá» tudo corria bem; mas o resultado desta propaganda era que, para muitas pessoas, o contrário é que parecia verdade: lá, era a opulência e, ao mesmo tempo, a liberdade, ao passo que cá, vivia-se numa prisão – vasta, sim, mas mísera. Desejávamos tanto estar no outro lado da cortina de ferro que julgávamos de muito mau gosto qualquer observação que sugerisse algum tipo de continuidade entre os dois mundos. Além disso, todos conhecíamos o destino trágico de outros indivíduos de países totalitários, próximos ou distantes; esquecer os seus sofrimentos, assimilá-los à experiência dos habitantes despreocupados dos países ocidentais, tal como os imaginávamos, seria um ato de desprezo inadmissível em relação a eles e aos seus destinos, uma traição. Evidentemente, uma vez chegados a uma dessas democracias liberais, dávamo-nos conta de que o contraste não era tão forte, que nem tudo era perfeito no país de acolhimento, mas a oposição entre os dois regimes políticos parecia-me ser sempre bem marcada, e as minhas simpatias políticas estavam todas do mesmo lado.

Durante os primeiros anos da minha estada em França, o meu trabalho profissional nada tinha em comum com a questão aqui evocada (apenas com a arquitetura interna das obras literárias). No entanto, a partir de inícios dos anos 1980, esse trabalho abriu-se a «questões de sociedade» e fiz a aprendizagem de categorias de análise política e moral. Estas análises pareciam-me confirmar as minhas intuições anteriores, continuava a ver uma oposição frontal entre totalitarismo e democracia, tanto na estrutura das sociedades em causa como nos juízos de valor feitos sobre elas. Nos anos 1990, dediquei vários estudos aos regimes totalitários, apoiando-me na mesma divisão conceptual: apresentei estas duas formas de sociedade como extremos opostos, embora tenha introduzido algumas cambiantes sobre a sedução que os regimes totalitários podiam exercer ou sobre certas fraquezas das democracias. E numa obra de reflexão, dedicada à história do século XX no continente europeu, *Memória do Mal, Tentação do Bem*, publicada em 2000, proclamei o conflito entre totalitarismo e democracia como o acontecimento mais importante da história desse século e, por outro lado, descrevi o totalitarismo, soviético ou nazi, como uma novidade radical surgida nessa altura.

Tomei conhecimento de algumas opiniões diferentes da minha, mas não receberam a minha adesão, ainda que tenham sido exprimidas por pessoas que conheceram pessoalmente os rigores do regime comunista. Por exemplo, Alexandre Soljenitsin formulava, a meu ver, equivalências inadmissíveis, quando dizia no seu *Discurso de Harvard*: «No Leste, é a feira do Partido que esmaga com os pés a nossa vida interior, no Oeste, é a feira do comércio.» Via a fonte desta equivalência na sua origem comum, descrevendo-a assim: «Poder-se-ia chamar-lhe "humanismo racionalista", que proclama e realiza a autonomia humana relativamente a qualquer força colocada acima de si.» ([95]) Do mesmo modo, o papa «polaco» João Paulo II, na sua última obra, *Memória e Identidade*, justificava de forma semelhante a sua amálgama entre sociedade liberal e sociedade totalitária: «Se o homem pode decidir por si mesmo, sem Deus, sobre o que é bom e o que é mau, também pode decidir que um grupo de homens seja aniquilado» ([96]) (por outras palavras, autorizar hoje o aborto equivale às câmaras de gás de Hitler). É verdade que estas duas formas de sociedade se libertaram de uma referência fundadora ao deus cristão, mas será isso suficiente para declará-las equivalentes? A minha reação visceral era: não. As malhas desta rede pareciam-me decididamente demasiado largas.

No entanto, nessa mesma obra de 2000, fui levado a formular uma crítica global do regime democrático em que vivemos. Fui conduzido a isso por acontecimentos contemporâneos, desencadeados por uma mudança que há muito desejava: o fim da guerra fria, simbolizada pela queda do muro de Berlim, ou seja, pelo desmoronamento dos regimes comunistas, primeiro na Europa de Leste e, depois, na própria Rússia. É verdade que este acontecimento parecia, à primeira vista, confirmar a oposição irredutível destes dois tipos de regime, pois um deles abandonara todas as suas ambições, enquanto o outro não tivera de renunciar a nenhum elemento do seu programa; o acontecimento foi interpretado por numerosos observadores como uma vitória do bem sobre o mal. Contudo, as consequências desta mudança produziram – pelo menos sobre mim – um efeito contrário.

Foi seguida de duas reações que eu não previra de modo algum. Por um lado, a da população dos antigos países comunistas, que, temos de o admitir, não viveu a passagem do regime anterior para as formas mais democráticas de governação e para a economia de mercado como um grande passo para a felicidade, como esperava (e muitos outros observadores benevolentes): visivelmente, estas transformações traziam outras consequências, que não eram consideradas satisfatórias. Por outro, a dos países ocidentais, com os Estados Unidos à cabeça, que aproveitaram este fim do «equilíbrio do terror» e da concorrência entre dois «campos», o do «socialismo» e o do «capitalismo», para levar a cabo uma nova política ofensiva. O seu objetivo manifesto era promover os grandes valores democráticos e os direitos humanos, mas o seu único resultado palpável era o reforço da influência destes países sobre o resto do mundo. Ao fazerem isto, aproximavam-se – perigosamente – das práticas totalitárias odiadas. Estas ações – intervenções musculadas nos assuntos internos de outros países – não faltaram no período anterior, durante a guerra fria, mas pareciam limitadas a uma zona vizinha (para os Estados Unidos, à América Latina), e, de resto, faziam parte de uma política de contenção do rival comunista, também bastante agressivo. A queda do muro revelou que esta política não precisava desses pretextos.

Contemporânea à escrita desse livro, a guerra da NATO na Jugoslávia revelava-me outra novidade: as democracias eram capazes de outras derivas próximas das dos países totalitários. Esta semelhança não me tornava mais tolerante em relação às práticas totalitárias, mas sim mais desconfiado a respeito de certas evoluções da democracia. No seu princípio, esta não é uma doutrina da salvação, não promete o advento do paraíso terrestre, não aspira a conduzir os indivíduos à perfeição. Mas também pode ser afetada pela húbris, pela desmesura, em particular quando é triunfante. Era como se o utopismo, até então prerrogativa da esquerda, que poderíamos julgar morto após o desmoronamento dos regimes comunistas, se tivesse deslocado para a direita nas doutrinas chamadas (erradamente) neoconservadoras, adotadas sobretudo nos Estados Unidos durante a presidência de Bush e que desde então deixaram marcas na política. Esta política, de resto, foi muitas vezes reivindicada por antigos esquerdistas, que, ao deixarem de acreditar que a esquerda poderia transformar o mundo, se deslocaram para a direita (como o meu antigo camarada André Glucksmann, que era um estudante promissor de Aron e de Barthes na altura em que o conheci, líder maoísta na faculdade de Vincennes em 1968 e, mais tarde, «novo filósofo» e neoconservador).

Era esta postura que eu identificava na minha obra já antiga como a «tentação do bem». Nessa altura, escrevia: «Querer erradicar a injustiça da superfície da Terra ou pelo menos as violações dos direitos humanos, instaurar uma nova ordem mundial da qual seriam banidas as guerras e as violações, é um projeto que se assemelha às utopias totalitárias na sua tentativa de tornar a humanidade melhor e estabelecer o Paraíso na Terra.» E concluía: «É possível resistir ao mal sem sucumbir à tentação do bem.» ([97]) Ora, foram exatamente estas intenções que justificaram a guerra do Iraque de 2003, cujas consequências nefastas ainda hoje pesam sobre o Médio Oriente e sobre todo o mundo. Num discurso em setembro de 2002, o presidente americano da época, G. W. Bush, apresentava assim os seus projetos: «A nossa responsabilidade perante a história é clara: responder a estes ataques [do 11 de Setembro de 2001] e libertar o mundo do mal»; e alguns dias depois, num comunicado oficial da Casa Branca, podíamos ler: «A importante missão» de que está encarregado o governo dos Estados Unidos consiste em «assegurar o triunfo da liberdade sobre os seus inimigos» ([98]). Desde o fim do equilíbrio do terror, as guerras conduzidas pelo Ocidente sucedem-se quase sem interrupção, da Jugoslávia à Ucrânia, do Afeganistão à Síria, da Somália à Costa do Marfim. A França e a Grã-Bretanha, antigos impérios coloniais, seguiram o movimento; em França, as teses dos neoconservadores são adotadas tanto à esquerda como à direita.

Por conseguinte, uma forma de messianismo político pode ser observada tanto nos regimes comunistas como nas democracias liberais atuais. Esta prática está longe de ser a única que revela uma continuidade entre os totalitarismos do século XX e a história europeia anterior e posterior. É uma continuidade que intervém não só nas relações entre os países, que estamos habituados a ver escaparem a qualquer regulação (decorrem de um «estado natural»), mas também nas relações que se estabelecem no interior de um país, entre os seus cidadãos e o seu governo. Os regimes comunistas não vieram do planeta Marte, estão ligados por numerosos traços às ideias que agitaram os espíritos durante os séculos anteriores, e várias das suas características perpetuam-se no mundo que habitamos desde o desaparecimento desses regimes.

Hoje em dia, continuamos a invocar a doutrina cristã e iluminista, Marx e Nietzsche, a ciência e a fé. Continuamos a sonhar com melhorar a espécie humana, ainda que contemos menos com a força da educação e com a influência do meio e mais com a manipulação do código genético. Os detentores do poder continuam a aspirar a controlar todas as suas populações, ainda que se apoiem menos na polícia omnipresente e nas redes de informadores do que na tecnologia que recolhe os «grandes dados» de todas as nossas comunicações eletrónicas. Tal como os seus antecessores, as democracias liberais atuais necessitam da figura de um inimigo não totalmente humano, que é preciso combater e, se possível, eliminar (não há liberdade para os inimigos da liberdade!) – mas, em vez dos capitalistas e dos burgueses, temos os terroristas e os islamitas. Em muitos aspetos, o ultraliberalismo contemporâneo assemelha-se mais ao totalitarismo comunista que ao liberalismo clássico dos séculos XVIII e XIX. A tirania dos indivíduos pode ter consequências tão graves como a tirania do Estado ([99]).

O prometeísmo, o utopismo e a tentação do bem são maneiras de pensar e de agir presentes no nosso mundo desde o Renascimento e do Iluminismo, incluindo nas sociedades totalitárias do século XX e nas democracias ultraliberais do século XXI. O mundo contemporâneo, não menos que as sociedades totalitárias, conduz-nos em todos os domínios, trabalho, justiça, saúde, educação, para aquilo a que Alain Supiot chama «a governação pelos números» – uma direção outrora descrita por Engels como um ideal, que consiste em substituir «a administração das coisas pelo governo dos homens» ([100]). Hoje como ontem, prossegue o processo de uniformização, de estandardização, de colocação em conformidade da população ao mesmo modelo de comportamento – o que conduz ao controlo do indivíduo pela sociedade e, daí, à desumanização dos seres. Constatar estas debilidades da democracia não significa que se renuncie ao seu ideal. Muito pelo contrário, este primeiro gesto deve incitar-nos a «democratizá-la» mais.

Deveria eu, neste caso, renunciar ao meu sentimento de oposição entre estas duas formas políticas, totalitária e democrática? Não posso. Mas, para superar a incoerência, tenho de distinguir claramente as experiências vividas, radicalmente diferentes, das funções que assumem, dos mecanismos subjacentes, que se assemelham. Também se poderia dizer que os fins, os objetivos, são geralmente semelhantes, enquanto os meios divergem bastante. A diferença é enorme, na experiência vivida, entre ter ou não medo do barulho do automóvel que para à frente da porta da sua casa a altas horas da manhã. É inadmissível, dizia Primo Levi, colocar um sinal de equivalência entre a experiência do operário que trabalha na Fiat e o preso em Auschwitz, pois o primeiro pode deixar a fábrica e o segundo não pode sair livremente do seu campo ([101]). É estúpido gritar «CRS, SS»*. A diferença é máxima na experiência vivida e não temos o direito de a ignorar.

---

* Palavra de ordem do maio de 1968, que comparava a polícia de choque francesa (conhecida pela sigla *CRS*: *Companhias Republicanas de Segurança*) com a *SS* alemã (N.T.)

Podemos até acrescentar, sem medo de nos enganarmos: uma destas experiências é muito mais agradável do que a outra. O grande meio utilizado pelos dirigentes do Estado totalitário para alcançarem o seu objetivo reside na coerção; por isso é tão essencial controlar a população com o auxílio de uma rede de organizações locais, de informadores e de várias polícias. O grande meio utilizado nas democracias liberais é o consentimento dos cidadãos, obtido porque estes acreditam que esta forma de ação é do seu próprio interesse. Uma comparação para me fazer entender: se um hospital não praticar a anestesia nas operações dos seus pacientes, estes ficarão indignados e chocados com essa falta de humanidade. Se, pelo contrário, os pacientes forem anestesiados durante a operação, não protestarão e podem até ficar com uma memória agradável da operação. A diferença é real, mas o paciente tanto de um como do outro hospital corre o risco de sair com uma perna a menos!

De resto, os autores da época de que falei nas páginas anteriores faziam bem esta distinção. Sabiam comparar – sem os confundir – não só o regime comunista e o regime nazi, mas também, por vezes, certos traços da sociedade soviética com os de outras sociedades. Por exemplo, quando Zamiatine, ao comentar o seu romance *Nós*, observa que a admiração pelas técnicas do taylorismo, ou seja, o desejo de submeter o trabalho (e até o resto da vida) à análise científica e às exigências da eficácia, é partilhada na União Soviética e nos Estados Unidos. Ou quando Malevich observa que a doutrina comunista é imposta como uma religião, que o dirigente defunto é imortalizado e que o Estado comunista se torna como um deus tão zeloso das suas prerrogativas como o Deus da Bíblia. Ou quando Zamiatine sugere a semelhança entre as práticas da Inquisição e as da justiça soviética. Estas similaridades, que hoje não seria difícil multiplicar e enriquecer, são justas e esclarecedoras, mas não anulam de modo algum a singularidade dos acontecimentos vividos. Acrescentaria que esta inclusão da utopia comunista no «género próximo» da religião parece-me muito mais fecunda que a oposição de ambas, que a propaganda ateísta soviética toma como certa. O filósofo britânico John Gray inaugura a sua brilhante história dos utopismos ocidentais, intitulada *Black Mass* («Missa Negra»), com esta frase abrupta: «A política moderna é um capítulo da história da religião» ([102]); subscrevo a sua opinião (e compreendo melhor a minha dificuldade em aceitar as teses de Soljenitsin e João Paulo II).

Uma evolução da democracia para a desumanização é possível, mas não inevitável. Na maioria das suas formas, a criação artística age em sentido contrário, formando um obstáculo à uniformização e à sistematização. Isto vale para os artistas e escritores russos cujas vidas foram aqui evocadas. Embora vítimas da tormenta revolucionária, têm algo a ensinar-nos. É verdade que não se pode desejar que os artistas e escritores contemporâneos, cidadãos das democracias ocidentais, conheçam e vivam as restrições e as provações sofridas pelos seus antecessores. Também não é a sua maior ou menor lucidez sobre a sua própria situação que se pode dar como exemplo, nem as formas de resistência que por vezes tentam opor ao rolo compressor do Estado soviético – vimos como estas eram desesperadas. A este respeito, os artistas contemporâneos gozam de uma liberdade de ação incomparavelmente maior. Em contrapartida, podemos guardar na memória o espírito de responsabilidade dos seus antecessores dos anos 1920 e 1930 na Rússia, que encarnam com grande intensidade um duplo compromisso, para com a sua arte e para com a sua sociedade. Por lealdade a esta, tentam viver plenamente as provações sofridas pela sociedade, sem, porém, se sentirem obrigados a produzir obras que a sirvam («úteis»). Por fidelidade à alta ideia que têm da sua arte, fogem às obrigações, estão dispostos a renunciar ao seu conforto e até a arriscar a vida.

O exemplo de Malevich, que passou da pintura «sistemática» (determinada apenas pelas leis internas da sua arte) para a pintura «histórica» (que restabelece a relação com o mundo no qual vive o pintor), também merece ser aqui lembrado. A evolução da sua arte sugere que, se quisermos defender o ser humano contra as forças sociais que o destroem, não basta imaginá-lo como produzido apenas por princípios abstratos e, por isso, reproduzível à vontade (como anunciava a profecia de Bukharine: «Iremos manufaturar os intelectuais como produtos fabricados em série nas fábricas»); é também necessário aceitar vê-lo como portador dos traços do seu destino.

Nem todos somos artistas, mas esta forma de resistência está acessível a todos, o que não devia surpreender: a arte condensa e amplifica práticas quotidianas universais. A mesma insubmissão ao conformismo ambiente está na origem da investigação científica fecunda e é indispensável ao desenvolvimento da pessoa humana. O domínio integral do comportamento, a formatação dos seres, a submissão estrita às normas, todos estes esforços fracassam nas situações em que os indivíduos são insubstituíveis, e estas situações são numerosas. Contudo, trata-se de um combate que não pode terminar com uma vitória, nem, de resto, com uma derrota definitiva: o reino sonhado por esses insubmissos não é deste mundo. A tensão entre as duas forças está, portanto, destinada a perdurar.

Assim, no contexto presente, que significa o título *O Triunfo do Artista*? Se se tratasse da relação de força bruta entre, por um lado, os artistas criadores e, por outro, o aparelho diretor do Estado-partido-polícia, representado por Lenine, Estaline e as outras notabilidades bolcheviques, rodeados do seu enxame de vespas, os administradores e os tchekistas que executam as suas ordens, esta expressão só poderia ser entendida como uma antífrase. Qual é o peso do indivíduo isolado face à enorme máquina que o esmaga? Os artistas são vexados, perseguidos, deportados e até fuzilados, e são os seus carrascos que triunfam. Também não me refiro ao artista de uma espécie singular como Estaline, um artista de vanguarda que despreza as tradições e os legados do passado. Se estivéssemos em 1941, só poderíamos falar do esmagamento do artista. Mas, um século após a revolução de Outubro, as coisas são diferentes. Não é que os artistas tenham vencido um confronto político. Estes dois grupos de intervenientes não pertencem à mesma ordem (para usar o termo de Pascal). Os detentores do poder são capazes de destruir aqueles que desejam submeter, mas não têm qualquer influência sobre os valores estéticos, éticos ou espirituais que decorrem das obras produzidas por esses artistas (ou de outras fontes). Sem esses valores, a humanidade não poderia sobreviver, tanto dantes como agora. É nisto que reside o triunfo dos heróis frágeis da nossa história.

NOTAS E REFERÊNCIAS

As obras de Malevich estão publicadas em russo em: *Sobranie sochinenij*, 5 vols., Moscovo, Guilleia, 1995-2004, abreviado como *SS* (cito o tomo V). Em francês, tradução parcial: *Écrits*, apresentados por J.-Cl. Marcadé, Lausana, L'âge d'homme, 4 vols., 1974-1994 (abreviado como *E*, seguido do número do volume); uma nova edição, enriquecida e ilustrada, desta tradução foi publicada com o título *Écrits*, t. I, em 2015, na Allia; *Le Suprématisme. Le monde sans-objet ou le repos éternel*, apresentado por Gérard Conio, Golion, Infolio, 2011 (abreviado como Conio). Textos autobiográficos e memórias: *Maleviche*, 2, vols., Moscovo, RA, 2004 (abreviado como *M 1* e *M 2*). Um catálogo: A. Nakov, *Kasimir Malewicz, catalogue raisonné*, Adam Biro, 2002 (as obras são identificadas por letras, que indicam as secções, e um número de ordem). Biografia em francês: F. Valabrègue, *K. S. Malevitch*, Marselha, En Manœuvre, 1994. Estudo global em francês: J.-Cl. Marcadé, *Malevitch*, Casterman, 1990, reedição enriquecida e generosamente ilustrada, Fernand Hazan, 2016.

NOTAS

Introdução

([1]) Citado por A. Besançon, *Les Origines intellectuelles du léninisme*, Calmann-Lévy, 1977, p. 228. De um modo mais geral, cf. Martin Malia, *Comprendre la révolution russe*, Points-Seuil, 1980; *id.*, *Histoire des révolutions*, Points-Seuil, 2010; em resumo, N. Werth, «Paradoxes et malentendus d'Octobre» in *Le Livre noir du communisme*, Robert Laffont, 1997, pp. 49-63.
Nas referências, salvo indicação contrária, o lugar de publicação é Paris.

([2]) O. Mandelstam, *Le Bruit du temps*, ed. Christian Bourgeois, 2006, pp. 93-94.

([3]) Citado por Reneé Poznanski, *Intelligentsia et révolution*, ed. Anthropos, 1981, p. 235.

([4]) L. Trotsky, *Littérature et révolution*, 10/18, 1974, pp. 151, 183.

([5]) R. Aron, *L'Opium des intellectuels*, capítulo «Le mythe de la révolution», Hachette Littératures, 2002, pp. 55-56.

([6]) Esbocei esta associação, à escala internacional, num estudo intitulado «Artistes et dictateurs», publicado em *La Signature humaine*, Seuil, 2009, e reeditado em *L'Expérience totalitaire*, Points-Seuil, 2011.

([7]) Beneficio aqui da informação reunida por Berenice Glatzer Rosenthan no seu livro *New Myth, New World. From Nietzsche to Stalinism*, University Park, PA, Pennsylvania State University Press, 2002 (com agradecimentos a Elizabeth Beaujour).

(8) Ver o livro de François Flahault, *Le Crépuscule de Prométhée, Contribution à une histoire de la démesure humaine*, Mille et une nuits, 2008.

(9) Expressão retirada do *Discours au Huitième Congrès des Soviets*, 1919.

(10) Num artigo publicado no *Pravda*, 1 de janeiro de 1934.

(11) Frases citadas por B. Rosenthal, op. cit., pp. 414-416.

PARTE 1
Do amor à morte

(1) Carta de 16 de julho de 1922, citada por Benedikt Sarnov, *Stalin i pisateli*, 4 vols., Moscovo, Eksmo, 2008-2011, aqui no t. III, pp. 262-263 (disponível na Internet).

(2) Ivan Bunine, *Jours maudits*, Lausana, L'âge d'homme, 1988, pp. 52-53, 101.

(3) Ibid., p. 132.

(4) Ibid., p. 114.

(5) Mikhail Bulgakov, carta a Nadejda Zemskaia, de 31 de dezembro de 1917, *Sobranie sochinenij*, t. VIII, Moscovo, Vostok-Zapad, 2011, p. 11 (trad. parcial em M. Bulgakov, *Les Manuscrits ne brûlent pas*, Julliard, 1991, p. 31).

(6) M. Gorki, *Pensées intempestives*, com prefácio de Boris Suvarine, Lausana, L'âge d'homme, 1975, p. 40.

(7) Ibid., pp. 92, 93, 133, 100, 115.

(8) Ibid., pp. 100, 113-114.

(9) Carta a Rykov, 1 de julho de 1922, em *Vlast' i khudozhestvennaja intelligencija*, Moscovo, Fond Demokracija, 2002, pp. 37-38.

(10) V. Meyerhold, *Stat'i, pisma, rechi, besedy*, Moscovo, 2012, I, p. 318.

(11) Citado por G. Abensour, *Vsevolod Meyerhold*, Fayard, 1998, p. 276.

([12]) Ibid., p. 271.

([13]) Ibid., p. 47.

([14]) V. Meyerhold, *Écrits sur le théâtre*, L'âge d'homme, t. II. 1975, p. 36.

([15]) Ibid., p. 294.

([16]) Citado em M. Tsvetaieva, *Vivre dans le feu*, Robert Laffont, 2005, p. 148.

([17]) Citado por G. Abensour, op. cit., p. 559.

([18]) Citado por Lev Rochal, *Gore umu ili Eisenstein i Meyerhold*, Moscovo, Materik, 2007, p. 213.

([19]) Citado por Bengt Jangfeldt, *La Vie en jeu, une biographie de Vladimir Maiakovski*, Albin Michel, 2010, pp. 103-105.

([20]) Citado por R. Poznanski, op. cit., p. 214.

([21]) Citado por B. Jangfeldt, op. cit., p. 143.

([22]) R. Poznanski, op. cit., p. 219.

([23]) L. Trotsky, op. cit., pp. 170-172.

([24]) A. Blok, *Œuvres en prose*, L'âge d'homme, 1974, p. 191.

([25]) Citado por D. Halevy, *Nietzsche*, Grasset, 1944, p. 489.

([26]) A. Blok, op. cit., pp. 325-326.

([27]) Ibid., p. 432.

([28]) L. Trotsky, op. cit., p. 143.

([29]) A. Blok, op. cit., pp. 473-476.

([30]) *Écrits autobiographiques* (doravante abreviados como *EA*), p. 126.

([31]) Carta a O. Zbarskaia, dezembro de 1917 (as cartas são identificadas pela data de redação).

([32]) *Sobranie sochinenij* (doravante abreviado como *SS*), t. I, pp. 620-621.

([33]) *Sauf-conduit, EA*, p. 112.

([34]) Carta a S. Bobrov, 2 de julho de 1913; *Sauf-conduit, EA*, p. 110.

([35]) *Sauf-conduit, EA*, p. 42.

([36]) *SS*, IV, p. 367.

([37]) *Sauf-conduit, EA*, p. 120.

([38]) *SS*, IV, pp. 29-30.

([39]) *Vivre dans le feu*, op. cit., pp. 54-56.

([40]) Ibid., p. 93.

([41]) Ibid., p. 85.

([42]) *Œuvres*, t. II, «Indices terrestres», p. 34.

([43]) *Vivre dans le feu*, op. cit., pp. 91-92, 172.

([44]) Ibid., p. 92; *Œuvres*, op. cit., p. 151, p. 100; carta a Bakhrakh, 19 de junho de 1923, M. Tsvetaieva, *SS*, Moscovo, Ellis Luck, 1994-1995, t. VI, p. 559; carta a Gul, 27 de maio de 1923, *SS*, t. VI, p. 528.

([45]) *SS*, t. I, p. 576.

([46]) *Œuvres*, t. II, pp. 58, 191.

([47]) L. Trotsky, op. cit., pp. 24-37 e 162.

([48]) *Vlast'*, op. cit., pp. 36-38.

([49]) Citado por Igor Golomstock, *L'Art totalitaire*, ed. Carré, 1991, p. 76.

([50]) Relatado por S. Sechukov, *Neistovye revniteli*, Moscovo, 1970, p. 339, citado por V. Strada, «Le réalisme socialiste», *Histoire de la littérature russe, Le XXe siècle*, t. III, Fayard, 1990, p. 20.

([51]) *Pervyi vsesojuznyj s'ezd sovetskikh pisatelej*, Moscovo, 1934, p. 5.

([52]) Citado por V. Chentalinski, *La Parole ressuscitée*, Robert Laffont, 1993, pp. 225-226.

([53]) B. Pilniak, *L'Année nue*, Gallimard, 1926, pp. 159, 193, 209.

([54]) B. Sarnov, op. cit., t. III, p. 143.

([55]) V. Pilniak, *L'Acajou*, Lausana, L'âge d'homme, 1980, pp. 85, 81-82.

([56]) Sarnov, op. cit., t. III, p. 148.

([57]) V. Centalinski, op. cit., p. 263.

([58]) N. Mandelstam, *Contre tout espoir*, t. I, Gallimard, 2012, p. 43, p. 18.

([59]) R. Ditli, *Mandelstam, mon temps mon fauve*, Le bruit du temps, 2012, pp. 410, 406.

([60]) Ibid., pp. 398, 410.

([61]) O. Mandelstam, *Stikhotvorenija. Proza*, Moscovo, Eksmo, 2011, p. 488 («Skriabin i khristianstvo»).

([62]) Publicado em *Vlast'*, op. cit., pp. 27-28.

([63]) Dilti, op. cit., p. 407.

([64]) E. Zamiatine, «La révolte des capitalistes», *Écrits oubliés*, Lausana, L'âge d'homme, 1989, p. 156; «Des laquais», ibid., p. 154.

([65]) Ibid., «Scythes?», p. 150; E. Zamiatine, *Le Métier littéraire*, Lausana, L'âge d'homme, 1990, «Demain», p. 109; ibid., «J'ai peur», p. 117.

([66]) E. Zamiatine, *Nous autres*, Gallimard, 1979, p. 33.

([67]) L. Trotsky, *Novyj kurs*, Moscovo, 1923, pp. 158-159, citado em B. Sarnov, op. cit., t. III, p. 303.

([68]) *Les Nouvelles littéraires*, abril de 1932, citado por Sarnov, ibid., p. 366.

([69]) *Nous autres*, op. cit., pp. 43, 85-86.

([70]) Ibid., p. 43.

([71]) Trotsky, *Littérature et révolution*, op. cit., p. 289.

([72]) *Le Métier littéraire*, op. cit., pp. 152-153.

([73]) Carta a Vera Bunina, em 12 de março de 1937, *SS*, t. VII, p. 298.

([74]) Citado em I. Babel, *Œuvres complètes*, Le Bruit du temps, 2011, p. 1253.

([75]) Ibid., pp. 674, 520-521.

([76]) Citado por G. Feidin, «Revolution as an aesthetic phenomenon», *in* B. G. Rosenthal (org.), *Nietzsche and Soviet Culture*, Cambridge, Cambridge UP, 1994, p. 167.

([77]) V. Chentalinski, *La Parole ressuscitée*, Robert Laffont, 1993, p. 50.

([78]) Citado em Sarnov, op. cit., t. IV, p. 41; Babel, op. cit., p. 1049.

([79]) Chentalinski, op. cit., p. 61.

([80]) *Œuvres complètes*, pp. 1029, 1033, 1049; Chentalinski, op. cit., p. 39.

([81]) *Œuvres complètes*, p. 1041; Chentalinski, op. cit., p. 72.

([82]) Chentalinski, op. cit., p. 50.

([83]) V. Chentalinski, *Les Surprises de la Loubianka*, Robert Laffont, 1996, pp. 217, 219.

([84]) M. Bulgakov, *Écrits autobiographiques*, Arles, Actes Sud, 1997, pp. 279-285.

([85]) *Vlast'*, op. cit., pp. 101, 106.

([86]) M. Bulgakov, «Zhizn' gospodina de Moliera», capítulos 8, 17, 14, em *Teatral'nyj roman. Romany. P'esy*, Moscovo, Eksmo, 2002.

([87]) Carta a D. Petrovski, em 6 de março de 1920.

([88]) *SS*, I, p. 280.

([89]) Carta a Iu. Iurkine, em 14 de junho de 1922; a V. Briussov, em 15 de agosto de 1922.

([90]) Carta a M. Gorki, em 10 de outubro de 1927.

([91]) Carta a M. Gorki, em 10 de outubro de 1927.

([92]) *Hommes et positions*, *EA*, pp. 195-196; carta a V. Maiakovski, em 4 de abril de 1928; *SS*, IV, p. 626.

([93]) *Œuvres*, II, Seuil, 2011, pp. 552 e 598.

([94]) *SS*, IV, p. 620; carta a V. Posner, em 13 de maio de 1929.

([95]) Em 10 de maio de 1928.

([96]) Carta a L. Pasternak, em 9 de janeiro de 1930; carta a M. Gorki, em 31 de maio de 1930.

([97]) Carta a O. Freidenberg, em 11 de junho de 1930.

([98]) Carta de 25 de dezembro de 1934, citada por L. Fleishman, *Boris Pasternak*, Cambridge, Mass., Harvard UP, 1990, p. 188.

([99]) Contei este episódio da vida de Pasternak em *Insoumis*, Robert Laffont, 2015, pp. 113-128.

([100]) *Vlast'*, op. cit., p. 272.

([101]) *Cf.* D. Chostakovitch, *Témoignage*, Albin Michel, 1980.

([102]) D. Chostakovitch, *Pisma I. I. Sollertinskomu*, São Petersburgo, 2006, p. 109.

([103]) Ibid., pp. 188-189.

([104]) *Cf.* L. Maksimenkov, *Sumbur vmesto muzyki*, Moscovo, Juridicheskaja kniga, 1997.

([105]) *Vlast'*, p. 289.

(106) *Pisma*, pp. 135, 178.

(107) D. Chostakovitch, *Lettres à un ami*, Albin Michel, 1994, p. 160.

(108) *Vlast'*, op. cit., p. 293.

(109) *Cf.* Eric Schmulevitch, *Un «procès de Moscou» au cinema*, L'Harmattan, 2008.

(110) *Vlast'*, op. cit., p. 373.

(111) *Vlast'*, op. cit., p. 583.

(112) *Vlast'*, op. cit., p. 613.

(113) *Vlast'*, op. cit., p. 291.

(114) V. Chentalinski, *La Parole ressuscitée*, op. cit., pp. 87-95.

(115) Chentalinski, ibid., p. 41; Abensour, op. cit., pp. 494, 524-525.

(116) Sobre a sua vida, ver M. Tsvetaieva, *Vivre dans le feu*, Robert Laffont, 2006.

(117) E. Zamiatine, *Le Métier littéraire*, op. cit., pp. 14, 17.

(118) V. Grossman, *Œuvres*, Robert Laffont, «Bouquins», p. 1011.

(119) N. Mandelstam, *Contre tout espoir*, t. I, Gallimard, 2012, p. 159.

(120) M. Tsvetaieva, *Œuvres*, t. II, Seuil, 2011, «Pouchkine et Pougatchev», p. 481.

PARTE II
Kasimir Malevich

(1) *SS*, V, p. 304.

(2) Carta a Matiuchine, 8 de setembro de 1917, *M* 1, p. 106.

(3) Em 10 de novembro de 1917, *M* 1, p. 107.

(4) *SS*, V, p. p. 304; carta a M. Gerchenzon, de 19 de abril de 1918, *M* 1, p. 108.

(5) *E*, II, p. 57; ibid., p. 68.

(6) Ibid., pp. 51, 52, 71.

(7) Ibid., pp. 49, 71; *E*, IV, p. 45.

(8) *E*, II, p. 68; citado por Valabrègue, p. 131.

(9) *E*, II, p. 192; *M 1*, p. 434

(10) *M 2*, p. 345; intervenção em Moscovo em 8 de junho de 1920, citado por Valabrègue, p. 161.

(11) *M 1*, p. 442.

(12) *E*, II, p. 87; em 19 de setembro de 1920, *M. 1*, p. 129; *M. 1*, p. 453.

(13) Ibid., pp. 129, 135.

(14) Ibid., p. 136; «Carta aos pintores holandeses», 7 de setembro de 1921, *M 1*, p. 146.

(15) *E*, I, p. 136; *cf.* J.-Cl. Marcadé, prefácio, ibid., p. 22 e *E*, II, p. 129.

(16) 14 de março de 1920, *M 1*, pp. 127-128; *M 2*, p. 201; carta a Gerchenzon, em 1 de janeiro de 1921, *M 1*, p. 134.

(17) Conservada no Stedelijk Museum, citada por A. Nakov, op. cit., p. 30.

(18) Ao mesmo destinatário, em 18 de março de 1920, *M 1*, p. 125; *E*, I, p. 142; carta a Kudriachev, em 14 de abril de 1921, *M 1*, pp. 138-139.

(19) *M 2*, p. 172; *M 2*, p. 64; *SS*, V, p. 91.

(20) Citado por Valabrègue, p. 167; carta a Lissitzky, em 4 julho de 1922, *M 1*, p. 153.

(21) *M 1*, pp. 41, 43.

([22]) Ibid., pp. 21, 26.

([23]) Ibid., p. 29.

([24]) Citado por Valabrègue, p. 48

([25]) Citado por J.-Cl. Marcadé, *Le Futurisme russe*, Dessain & Tolra, 1989, p. 7.

([26]) *M 1*, p. 37; carta a Matiuchin, em 24 de setembro de 1915, *M 1*, p. 69.

([27]) *Manifestes futuristes russes*, apresentado por Léon Robel, Éditeurs français réunis, 1971, pp. 14-15.

([28]) M. Larionov, *Une avant-garde explosive*, L'âge d'homme, 1978, p. 52.

([29]) *M 2*, p. 113.

([30]) *E*, I, pp. 52-53, 55.

([31]) As memórias de Jakobson desta época foram editadas por Bengt Jangfeldt no livro *R. Jakobson, Budetljanin nauki*, Guilleja, 2012.

([32]) *M 2*, p. 127; *M 1*, p. 72.

([33]) Ibid.

([34]) *M 1*, pp. 33, 35; Livchits, *L'Archer à un œil et demi*, Lausana, L'âge d'homme, 1971, p. 88; cf. Larionov, op. cit., p. 101.

([35]) Ibid., pp. 66, 72-73; em 7 de março de 1913, *M 1*, p. 53.

([36]) Inícios de janeiro de 1915, *M 1*, p. 65; *E*, I, p. 38.

([37]) *M 1*, p. 32; *E*, I, p. 102; Malevich vai buscar esta expressão a outro futurista, David Burliuk, *cf.* J. Cl. Marcadé, em *E*, III, p. 170.

([38]) *E*, I, p. 39; carta a Matiuchine, em 6 de novembro de 1916, *M 1*, p. 97; *E*, I, p. 94.

([39]) Relatado por Livchits, op. cit., p. 88, cf. Larionov, op. cit., p. 101.

([40]) *M 1*, p. 34 (nota), p. 35.

([41]) Inícios de junho de 1915, *M 1*, p. 67.

([42]) Os dois textos são de 1919, *Poétique*, 2, 1970, pp. 243 e 238.

([43]) Carta a Matiuchine, em 4 de abril de 1916, *M 1*, pp. 79-80; em 16 de abril de 1916, *M 1*, p. 81.

([44]) *SS*, V, p. 138.

([45]) *Filebo*, 60c; *SS*, V, p. 413.

([46]) *M 2*, pp. 69, 71, 203.

([47]) Citado em Tzvetan Todorov, *Poétique de la prose*, Seuil, 1971, p. 207; *SS*, V, p. 204.

([48]) Em 17 de junho de 1924, *M 1*, p. 159; em 17 de janeiro de 1925, p. 168; em 15 de fevereiro de 1932, p. 269.

([49]) *Ogoniok*, 30 de novembro de 1927, citado por G. Souter, Malevitch, Nova Iorque, Parkstone, 2001, p. 208.

([50]) Em 28 de maio de 1930, *M 1*, p. 210.

([51]) *SS*, V, p. 112.

([52]) *SS*, V, p. 216.

([53]) *M 1*, pp. 143-145.

([54]) Ibid., pp. 190, 36.

([55]) 1 de janeiro de 1927, pp. 181-182.

([56]) Em 3 de agosto de 1928, *M 1*, p. 200; *M 2*, p. 346.

([57]) A Chutko, 1929-1930, *M 1*, pp. 204-205; p. 36.

([58]) Em 12 de dezembro de 1932, *M 1*, p. 235; *SS*, V, p. 350.

([59]) *SS*, V, p. 223.

([60]) *SS*, V, p. 206 (a referência bíblica é do Êxodo, 20, 3); ibid., p. 223.

([61]) Ibid., pp. 206, 411.

([62]) Ibid., pp. 367, 372.

([63]) *Nous autres*, op. cit., p. 31; *Le Métier littéraire*, op. cit., p. 143.

([64]) Op. cit.

([65]) Carta a Petnikov, *M 1*, pp. 239-240.

([66]) *Staline, œuvre d'art totale*, Nimes, J. Chambon, 1990, p. 30.

([67]) Ibid., p. 24; carta a A. V. Bakuchinski, maio-junho de 1923, *M 1*, p. 154.

([68]) *Cf.* Valabrègue, p. 218.

([69]) *M 1*, p. 254; em 23 de fevereiro de 1927, p. 254; p. 255.

([70]) Carta a Matiuchine, em 25 de março de 1927, *M 1*, p. 185.

([71]) *Tagebücher*, em 7 de abril de 1927; carta a Iudin e Rojdestvenski, em 7 de maio de 1927, *M 1*, p. 189.

([72]) *M 1*, pp. 186, 186-187; em 12 de maio de 1927, p. 258.

([73]) Carta a Ludin e Rojdestvenski, ibid., p. 188.

([74]) *M 1*, p. 187.

([75]) *M 1*, p. 187; *M. 2*, p. 380.

([76]) *M 1*, p. 563.

([77]) *M 2*, p. 384; carta a A. von Riesen, *M 1*, p. 193.

([78]) *M 1*, pp. 554-555.

([79]) *M 1*, p. 553.

(80) *M 2*, p. 307.

(81) *M 2*, p. 306; carta a Punin, em 29 de dezembro de 1930, *M 1*, p. 217; carta a Kliun, em 2 de junho de 1931, pp. 225-226.

(82) *M 2*, p. 37.

(83) Em 7 de novembro de 1918, *M 1*, p. 110; «Le suprématisme, 34 dessins», *E*, I, pp. 122-123.

(84) Cf. Conio, p. 49.

(85) Ibid., pp. 65-66.

(86) Carta a Petnikov, setembro de 1930, *M 1*, p. 215; a Petnikov, em 31 de agosto de 1933, p. 244.

(87) Livchits, op. cit., p. 88; *cf.* o mesmo texto com variantes menores em Larionov, op. cit., p. 101.

(88) A. Pevsner, em *E*, II, p. 193; I. V. Klioune, *M 2*, pp. 78, 80-81.

(89) Em 8 de abril de 1932, *M 1*, pp. 231-232.

(90) Op. cit., t. II, 1975, pp. 244, 260.

(91) Carta a Kliun, em 5 de maio de 1934, *M 1*, p. 247; ao mesmo, em 28 de junho de 1934, p. 250; *M 1*, p. 40.

(92) *M 2*, p. 253.

(93) *Cf.* Dmytro Horbatchov, «L'Art en Ukraine», citado por J.-Cl Marcadé, «Malevich face à Staline», *L'Œil*, março de 1998, pp. 57-66, e no seu *Malevitch*, 2016, p. 259.

(94) *M 2*, p. 35.

(95) A. Soljenitsin, *Le Déclin du courage*, Seuil, 1978, pp. 46, 53-54.

(96) João Paulo II, *Mémoire et Identité*, Flammarion, 2005, p. 23.

(97) *Mémoire du mal, tentation du bien*, reeditado em *Le Siècle des totalitarismes*, Bouquins-Robert Laffont, 2010, pp. 834, 837.

(98) G. W. Bush, «Notas do Presidente», Catedral Nacional, 14 de setembro de 2002; *The National Security Strategy*, Casa Branca, 20 de setembro de 2002.

(99) Trato deste tema com mais pormenor em *Les Ennemis intimes de la démocratie*, Robert Laffont, 2015 [*Os Inimigos Íntimos da Democracia*, Lisboa, Edições 70, 2017, tradução de Pedro Elói Duarte].

(100) Citado por A. Supiot, *La Gouvernance par les nombres*, Fayard, 2015, p. 172.

(101) Ferdinando Camon, *Conversations with Primo Levi*, Marlboro, The Marlboro Press, 1989, pp. 19-20.

(102) J. Gray, *Black Mass*, Nova Iorque, Farrar, Straus and Giroux, 2007, p. 1.

LISTA DAS ILUSTRAÇÕES

1. *O Ceifeiro I*, Museu de Nijni Novgorod.
2. *Rosto de um Homem Futuro*, São Petersburgo, Museu Nacional Russo (MNR).
3. *Camponesa de Rosto Negro*, São Petersburgo, Museu Nacional Russo (MNR).
4. *Paisagem com Casa Branca*, São Petersburgo, Museu Nacional Russo (MNR).
5. *A Casa Vermelha*, São Petersburgo, Museu Nacional Russo (MNR).
6. *Sensação de um Homem Aprisionado*, local desconhecido.
7. *Pressentimento Complexo*, São Petersburgo, Museu Nacional Russo (MNR).
8. *Camponeses*, São Petersburgo, Museu Nacional Russo (MNR).
9. *Sensação de Perigo*, Paris, Museu Nacional de Arte Moderna, Centre Georges-Pompidou.
10. *Autorretrato*, São Petersburgo, Museu Nacional Russo (MNR).

AGRADECIMENTOS

Gostaria, em primeiro lugar, de exprimir o meu reconhecimento a todos os editores, tradutores e biógrafos que reuniram uma rica documentação sobre os autores evocados neste livro e que tornaram mais fácil o acesso ao seu pensamento. Cito os nomes de dois deles, cujo trabalho me foi particularmente útil:

- o crítico russo Benedikt Mikhailovich Sarnov (1927-2014), com quem nunca me encontrei, autor de um estudo em quatro volumes intitulado *Stalin i pisateli* («Estaline e os Escritores»), precioso tanto pelas informações reunidas como pelos comentários esclarecedores do autor. Esta obra está acessível gratuitamente na Internet;
- e o especialista em literatura e história eslavas Gérard Conio (que conheci pessoalmente), que me emprestou generosamente todos os textos originais que possuía e que sempre me deu conselhos e encorajamentos para o meu próprio trabalho, sabendo que estudo os mesmos autores numa perspetiva diferente da sua (que podemos conhecer através das suas numerosas publicações, a última das quais intitulada *Théologie de la provocation*, Éditions des Syrtes, 2016).

Devo também exprimir toda a minha gratidão aos meus queridos amigos Martine, Lisa e Ralph, que me receberam calorosamente nas suas casas durante a redação deste livro, tornando-o assim possível.

ÍNDICE